漢字三音考

本居宣長撰

漢字トハ字ハ皇國ノ字ニ非ズ漢國ノ字ナルガ故ニ云フ三音トハ其音漢呉ノ二ツアルニ近世ノ唐音ヲ加ヘテ云ㇾ然ルニ其漢音呉音ノ来由正不及ヒ三音ノ優劣ナド諸説紛〻トメ一定シガタク世人コレニ惑フガ故ニ今此三音ヲ著シテ委クコレヲ辨ヘ定メ凡テ字音ニ關ルヿヲ論ズルニ先ッ首ニ皇國ト外國ト自然ノ聲音ノ甚異ナルヿヲ云テ次ニ三音ヲ論ズソ此《コヽ》ト彼《カシコ》ト自然ノ聲音ノ異ナルヿヲ先ッ明ラメ置ザレバ字音ノ辨明ラカナラザルガ故ナリ

監修者——五味文彦／佐藤信／高埜利彦／宮地正人／吉田伸之

［カバー表写真］
「源氏物語絵巻」夕霧

［カバー裏写真］
小野道風像

［扉写真］
「漢字三音考」
（本居宣長自筆）

日本史リブレット 9

漢字文化の成り立ちと展開

Shinkawa Tokio
新川登亀男

目次

漢字と私たち

日本列島に生まれ、あるいは育ち、生活する人々は、漢字と仮名(平仮名と片仮名)とを組み合わせながら文字をつづり、考え、そしてお互いの意思を伝えあってきた。このうち、仮名は漢字から派生したものであるから、文字としてのもとは漢字にあることになる。

もっとも、今日の漢字は、一九四九(昭和二十四)年に定められた「当用漢字字体表」(内閣告示・訓令)にもとづくところが大きく(一九八一年に「常用漢字表」一九四五字が公布された)、近年ではさらに、JIS(日本工業規格)によるコンピュータ時代の漢字と化しているといわれている。文字どおりコード化された規格としての漢字群が人々の生活の外側から与えられ、その事態が人々の生活と歴史を内側から大きく変化させ、組み換えていくであろう可能性が指摘されているのである。

　このように一口に漢字といっても、そのありさまは大きく移り変わるものであり、それは常に人々の生活や歴史文化のあり方と呼応しあっている。このところ、日本(人)と漢字に関する書物や意見が多くの人々の関心をあつめているのも、今まさに、漢字と私たちのかかわり方が大きな転換期を迎えているからであろう。そして、この問題の所在に気付き、気付かされ、少し立ちどまってこのことを考えてみようとしているのではなかろうか。本書の企図も、その例外ではない。

　本書は、日本列島における漢字のありようを、つまり漢字をめぐる文化を歴史的に見直しながら、その考えるべき方法や課題、ひいては手がかりをさぐっていこうとするものである。

①―「漢字」の成り立ち

「漢字」の出現

私たちが今日ふつうに使っている「漢字」という言葉は、けっしていわば漢字とともに古くから登場するわけでもなければ、自明な概念でもなかった。また、現行の辞典類をひもといてみても、実は「漢字」そのものの説明は思いの外に乏しいのである。

私たちは、奈良時代までに「漢字」という言葉の用例に出会うことはまずないであろう。平安時代に入っても、しばらくはやはり、その用例に遭遇することは難しい。ということは、そのころまでの人々が「漢字」という言葉をよく知らなかったか、むしろ、そのような言葉がまだ社会に存在していなかったかである。

これは、「漢字」という単語がただあったか、なかったかというような事実さがしの問題ではない。今日につながる漢字を、どのように「漢字」として自覚していったのか、つまり、私たちにとっての「漢字」の出現は、どのような時に、どのような理由でなされたのかに気付くことが大切なのである。

空海の文字観

　そこではじめに、空海《くうかい》▲に登場してもらおう。現在知ることのできる範囲では、彼は、文字というものについて、幅広く、そして深く、天才的なまでの洞察と実践を試みた、もっとも早い段階の人物と目されるからである。しかし、その彼でさえ、「漢字」という言葉を使った形跡がない。ただ、『梵字次第《ぼんじしだい》』というものと対をなして空海著と伝承される『金剛界漢字次第《こんごうかいかんじしだい》』がある。また、同じく空海著として伝えられた『秘蔵記《ひぞうき》』には、「梵字▲」と「漢字」の正邪を問うくだりが登場する（「梵字」が正、「漢字」が邪）。

　これらは、大いに疑わしい著作であるから、そのまま空海の考えかたを示しているとみてはならない。ただし、空海後、「梵字」との対比のもとで「漢字」がとらえられていく傾向のあったことを物語ってはいよう。

　では、空海自身はどうであったのか。自著とみてよい、いわゆる『広付法伝《こうふほうでん》』や『略付法伝《りゃくふほうでん》』などによると、「漢梵《かんぼん》」の意識があったことは間違いない。事実、

▼**空海**　七七四～八三五年。真言宗の開祖。讃岐国多度郡（現香川県善通寺市周辺）の出身。大学を中退して、阿波・土佐・伊予三国の山岳や岬で仏法を修め、八〇四（延暦二十三）年に最澄らと入唐。唐では恵果に密教を学び、八〇六（大同元）年に帰国。しかし、嵯峨天皇の即位（八〇九年）を待って、初めて入京し、高雄山寺、東大寺、東寺、高野山などを拠点にして布教。土木工事や祈雨なども行なった。没後、九二一（延喜二十一）年、醍醐天皇から、弘法大師の諡号が贈られた。三筆の一人。

▼**梵字**　サンスクリットを表記する古代インドの文字。最高神ブラフマン（brahman）、つまり梵天の造るところという伝説がある。

彼が唐から持ち帰った書巻には、「梵字」(悉曇《しったん》▲)という語を冠した題のものが多く見出せる。『梵字《ぼんじ》悉曇《しったん》字母《じも》 并《ならびに》 釈義《しゃくぎ》』という自著さえあって、これは、日本ではじめてあらわされた悉曇書として嵯峨《さが》天皇▲のもとへ献上された。

にもかかわらず、空海にとって、「梵字」に対比される形で「漢字」が浮き彫りにされた形跡はない。それは、彼の文字観にもとづくものと思われる。彼は言う。

　仏教はインドを本とするが、インドの言語(梵語)と文字(梵字)は、中国の韻や篆隷《てんれい》字体などと大いに異なる。しかし、あるいは、だから、中国式に「唐言」に「翻訳」せざるを得ない。にもかかわらず、あるいは、当然と言うべきか、陀羅尼などの「梵語」「梵字」は、それ以外であることはできず、「梵字」の一字ごとにすべてがこめられている。つまり、「字字義、深し」なのだ。

空海は、ただ「梵字」を崇拝したいのではない。「漢梵たがうことなし、ことごとく心に受くる」などとも述べており、「漢梵」の区別を超えた、「心」に収斂《しゅうれん》される文字観をもっていた。それは、「漢梵」の区別を超えた、一字一字の文字

▼**悉曇**　サンスクリットを表記する文字(梵字)、その字音・字義、書体、書法、文法などをすべてさす呼称。もとは、「完成されたもの」を意味するシッダム(siddham)の音写語。

▼**嵯峨天皇**　七八六〜八四二年。桓武天皇の第二皇子。母は藤原乙《おと》牟漏《むろ》。八〇九(大同四)年、同母兄の平城天皇の譲位をうけて即位し、八二三(弘仁十四)年、異母弟の淳和天皇に譲位した。病弱であったが、学識豊かであり、三筆の一人。

への想いであった。彼にとって、その文字は〃書〃であり、〃文〃である。
八一六(弘仁七)年、空海は親交のある嵯峨天皇に次のようなことを述べている。

　後漢の蔡邕《さいよう》があらわした『筆論《ひつろん》』には、「書は散《さん》なり」とあります。字は、書は、ただ紙と筆をもって技術的に写すものでも、記すものでもありません(▲最澄グループに送った書信では、そのような文字なら、博士流の者に期待すればよい、単なる糟粕《そうはく》や瓦礫《がれき》にすぎないのだから、ときびしく批判している)。字であり、書であるものは、「心」を「万類」(万物のことで、あらゆる自然、動植物、社会秩序などを網羅する)に散《ち》らし、そして、その「万類」の形を字に象《かたど》って、それぞれの字書体をあらわすものでなければなりません。つまり、「心」が「物」に感じて、それぞれの字(書)が成り立ち、深義がことごとく「字字」にこめられるのです。

　このような文字観は、彼の自著である『篆隷万象名義《てんれいばんしょうめいぎ》▲』という題名によくあらわれている。空海以前に、これほど「字字」について考え抜き、「字字」に感じた人がいたであろうか。彼は、「梵字」をいささか優先して考える人ではあった

▼最澄　七六六〜八二二年。旧説では七六七年生まれ。日本天台宗の開祖。近江国滋賀郡(現滋賀県大津市周辺)の出身。同国の国分寺で得度、ついで東大寺で受戒し、比叡山に入る。八〇四(延暦二十三)年、空海らと入唐して天台教学などを学び、翌年、帰国。その後、天台宗の開設に尽力し、独自の大乗戒壇の創設を目ざした。没後、八六六(貞観八)年、清和天皇から、伝教大師の諡号が贈られた。

▼篆隷万象名義　日本で作られた現存最古のまとまった字書。のち「篆隷字書」とも言われる。『玉篇』や『説文』にならい、一万六千余の漢字を載せ、篆体と隷体を示すことを目ざした。六帖からなり、第四帖までは空海原撰、第五帖以下は続撰とされる。一一一四(永久二)年書写の高山寺本がある。

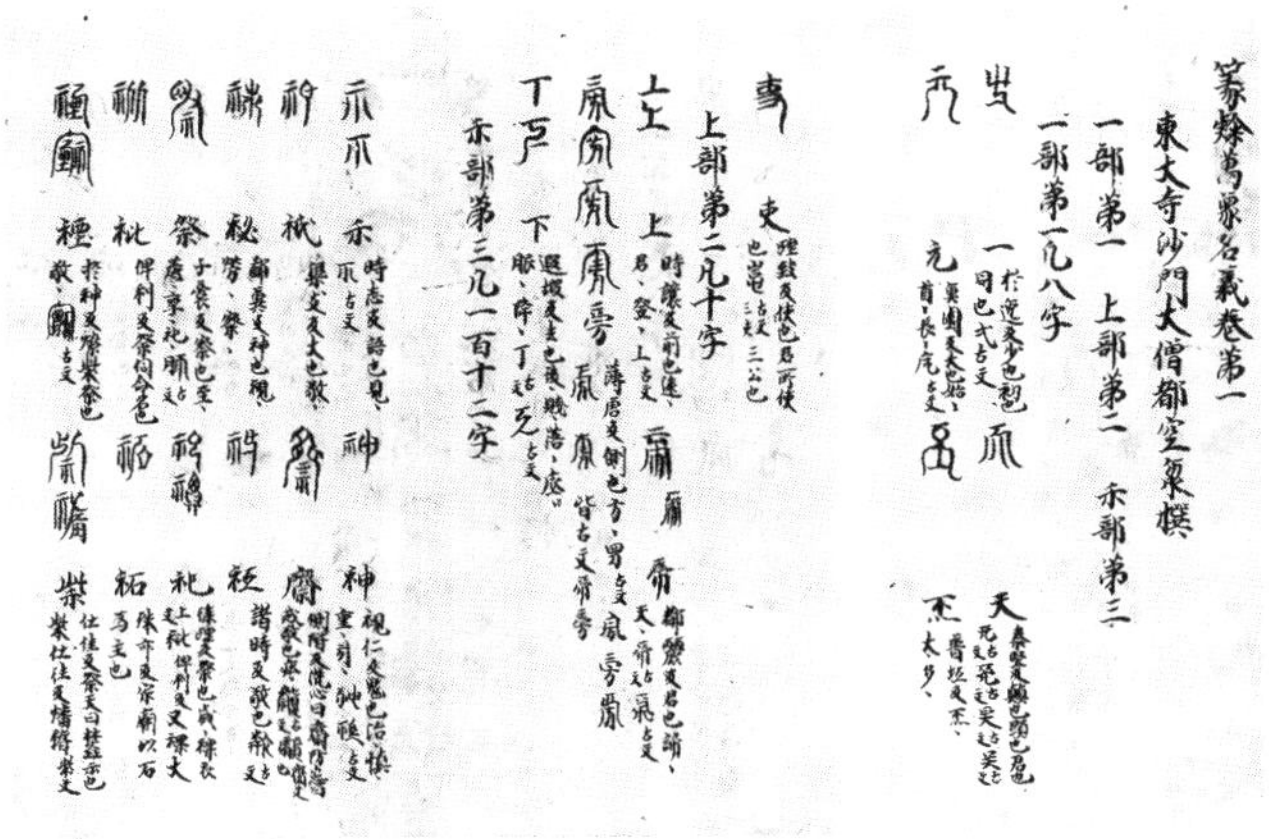

『篆隷万象名義』

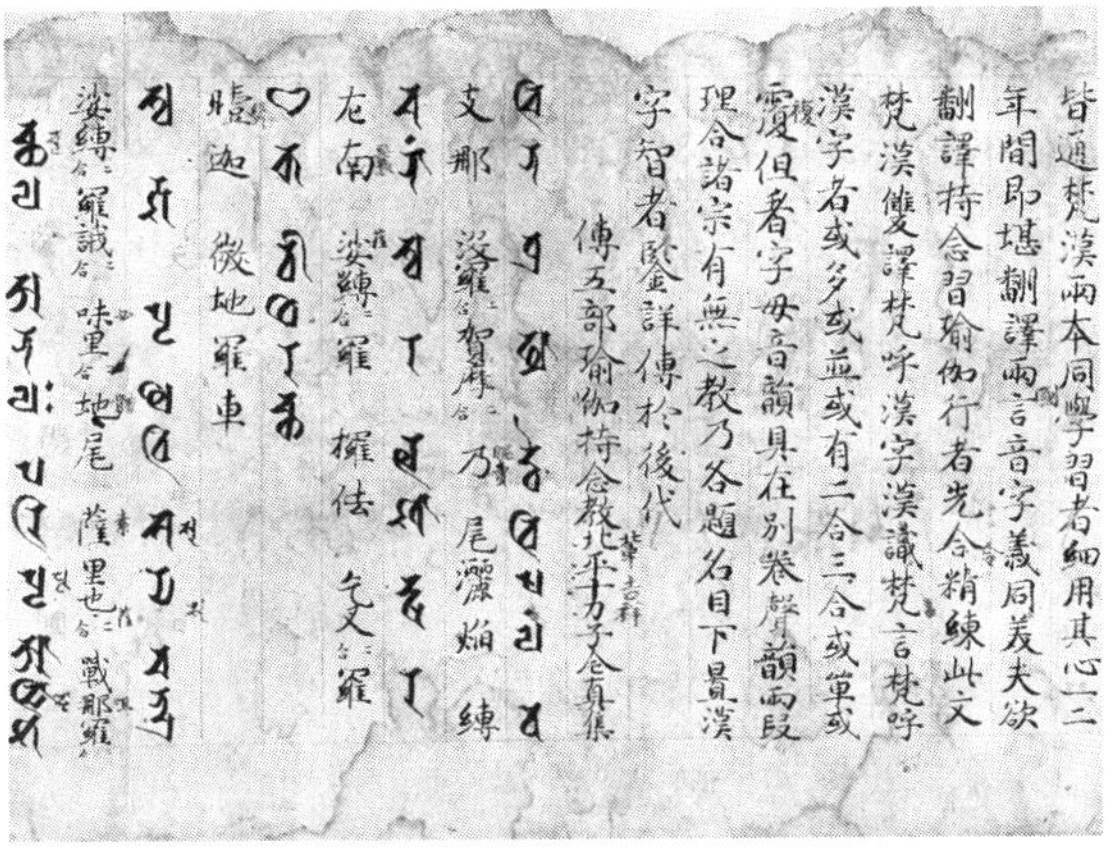

『唐梵文字』

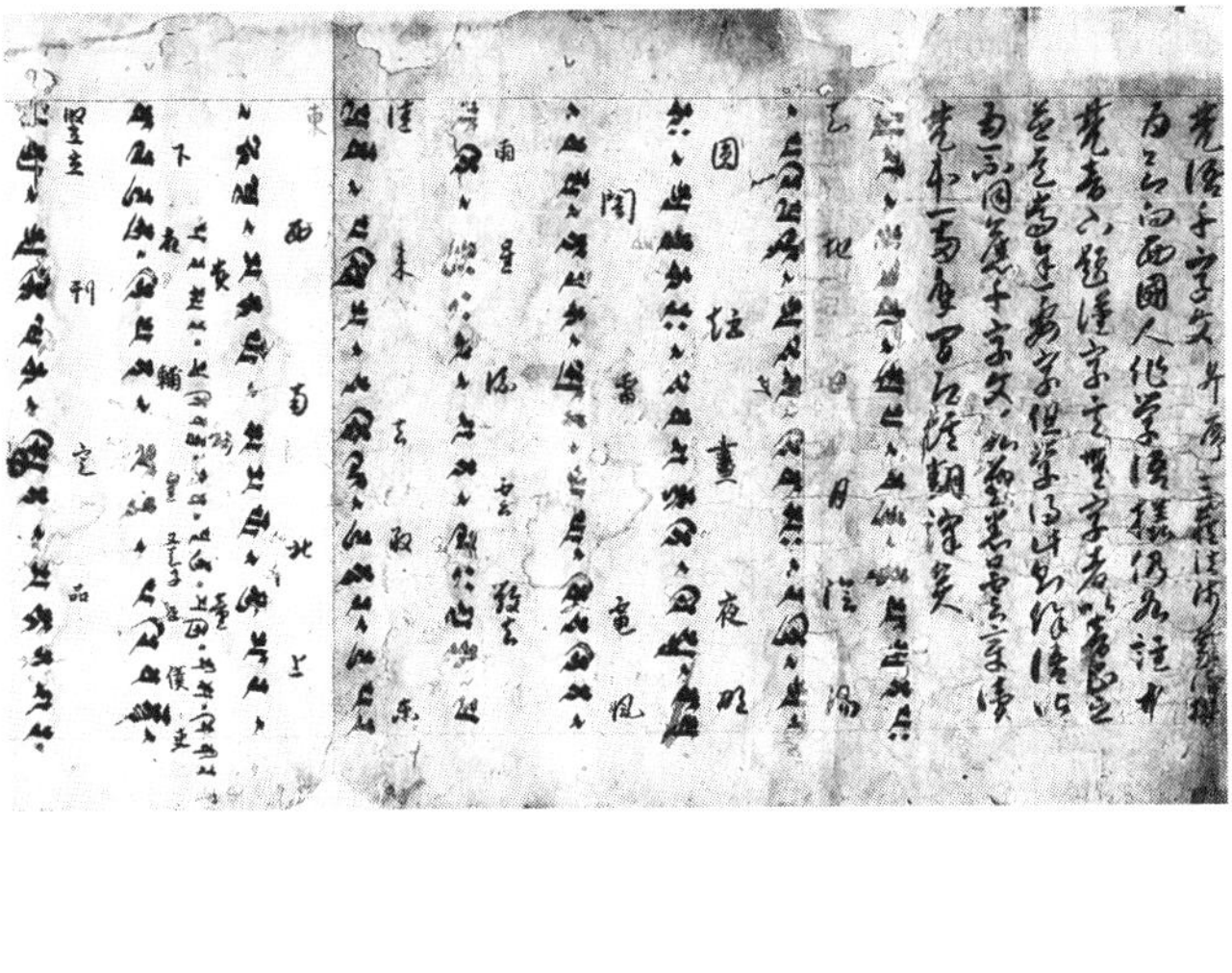

『梵語千字文』

が、それに対応して「漢字」を自覚するまえに、「漢梵」の区別を超えた「字字」と「心」と「万類」のダイナミズムにたどりついたのである。空海が「漢字」という言葉を使わなかったのには、大いに理由があったとみてよい。

入唐八家と最澄

　空海の没直後、その弟子の一人である円行《えんぎょう》（七九九〜八五二年）は唐に渡った。彼は、八三九（承和六）年の末、多くの経論疏《きょうろんしょ》類を日本に持ち帰った。その中に、『弁梵文漢字《べんぼんもんかんじ》功徳《くどく》及《および》出生《しゅっしょう》一切《いっさい》文字《もんじ》根本《こんぽん》次第《しだい》』一巻が含まれていた。ここに、比較的早く、「漢字」という言葉が登場する。これは、唐僧の全真という人があらわしたものであるらしく、全真にはさらに、『唐梵文字《とうぼんもんじ》▲』一巻の著述が知られている。この全真の二巻は、いずれも円行によってはじめて日本へ紹介されたのであった。

　『弁梵文漢字功徳及出生一切文字根本次第』一巻が、どのようなものであるのかはよくわからない。ただ、「梵文」（梵字・梵語の文）と「漢字」の対応関係を示しつつ、「文字」の功徳を示したようなものではなかったろうか。『唐梵文字』も

▼**唐梵文字**　七ページ中写真参照。

基本的にはそのようなものであるが、より一層、辞書的なものであったらしい。その短い序文には、「梵字」と「漢字」の対訳関係を文章化していくというふうな意味のことが読みとれる。

実は、全真の『唐梵文字』は、同じ唐僧の義浄《ぎじょう》▲があらわしたといわれる『梵語《ぼんご》千字文《せんじもん》▲』の体裁をよく受けついでいる。義浄はインドに学んだ経験をもつが、これからインド方面に向かおうとする人の学習辞書として役立つように、中国の『千字文』にならって、「梵音」(横書)の下に「漢字」を記すなどしたのが『梵語千字文』であった。

この『梵語千字文』は、『唐梵文字』に遅れること約一〇年、円仁《えんにん》(七九四〜八六四年)が唐から帰る時、つまり八四七年の段階に日本へもたらされたという。だが、これよりさらにくだって、円珍(八一四〜八九一年)の弟子でもあった宗叡《しゅうえい》(八〇九〜八八四年)が八六五(貞観七)年に唐から持ち帰ったようでもある。

いずれにしても、空海没後の九世紀に、「梵字(文・語)」と「漢字」の対訳が行なわれた学習辞書風の書巻や、それぞれの文字関係の功徳をあらわした密教的な書巻が集中的に唐からもたらされた。ここにはじめて、「梵字」によって対比

▼**義浄**　六三五〜七一三年。唐代の僧。約二五年にわたって西域・南海・インド方面を求法し、『大唐西域求法高僧伝』『南海寄帰内伝』などをあらわす。彼の訳した『金光明最勝王経』は、道慈によって日本へもたらされ、『日本書紀』の仏教公伝記事にその内容が盛り込まれたといわれる。この経は、護国経典として日本で定着した。

▼**梵語千字文**　七ページ下写真参照。

●──伝教大師(最澄)御影

され、浮き彫りにされた「漢字」という言葉、そして概念が平安仏教の僧らに受け入れられはじめたのである。それは、最澄・空海を加えて呼びならわされることになる入唐八家《にっとうはっけ》(さらに常暁《じょうぎょう》・円行・円仁・恵運《えうん》・円珍・宗叡)の時代にほかならない。彼らは、たしかに、「梵字真言」などのおびただしい数の「梵字」書巻を持ち帰り、また、「梵漢両字」という言葉を冠した実に多くの書巻をもたらしたのであった。

ただここで、入唐八家の冒頭に位置する最澄《さいちょう》について、少し触れておきたい。彼は、八〇五(延暦二十四)年に帰国して、「梵漢両字」の陀羅尼書本をある程度もたらしていた。その後、やはり唐から帰ってきた空海に『梵字悉曇章《ぼんじしったんしょう》』一巻や『悉曇字記』一巻などを借りうけている。したがって、最澄もすでに「梵字」ないし「悉曇」に関心を抱き、「漢字」との対比も経験していたことになる。そのことを証すかのように、自著『照権実鏡《しょうごんじっきょう》』や『守護国界章《しゅごこっかいしょう》』のなかで、「梵字」「梵文」と「漢字」をことさらに対比させて論述したところがみうけられる。

そうすると、のちにつらなる入唐八家の先駆に似つかわしく、最澄はいかにも「梵字」とのかかわりにおいて「漢字」というものを自覚させられたらしく思われてくる。しかし、空海からはその「文字」観が批判され、最澄自身も漢音（唐語）に不案内で、また唐でとくに梵語を習った形跡もないことからして、どれほど「梵字」ないし梵語（音）と対比させて「漢字」というものを認識できたのかは、その判断を保留したい。

「梵字」と「漢字」

日本列島における「漢字」の自覚ひいては出現は、まずもって入唐八家の後継者らによって深められ、広められていった。その先駆けの任を負ったのは、九世紀後半から十世紀初めにかけての人物とみられる延暦寺の安然《あんねん》▲であった。

安然は、直接入唐の経験はなく、入唐八家のもたらした豊富な書巻類をもとにして、悉曇学をおしすすめた。そして、「梵漢」の対校や対訳を吟味し、「梵字」と「漢字」、あるいは「梵音」と「漢音」の対比関係をきわめることに心血を注いだところがみうけられる。八八〇（元慶四）年の自序をもつ『悉曇蔵《しったんぞう》』▲八巻や、『悉曇十二例』一巻などがよく知られている。

その後、十一世紀後半になって明覚《みょうかく》▲があらわれた。彼も比叡山にあって豊富

▼**安然**　生没年不詳。五大院とも称す。円仁の弟子と自称し、華山僧正遍昭にも師事した。一度、入唐を企てたようであるが、実現しなかった。日本天台宗の教学の完成に大きく貢献したが、事跡には不明な点が多い。

▼**悉曇蔵**　一三ページ上写真参照。

▼**明覚**　一〇五六年〜?。比叡山や園城寺の典籍を学び、日本悉曇学中興の祖と言われる。一説には、藤原為顕と同一人物というが不詳。

な文献から悉曇学をきわめ、後年には加賀の温泉寺で隠棲生活を送っている。『悉曇要決』四巻などを世に残したが、やはり「梵字」「梵音」と「漢字」「漢音」の対比関係の解明に腐心した。

その著作をみると、「梵書」「梵文」が横書きの体裁であり、その下に「漢字」注が施されているという中国(日本も一部含む)文献の解題から、漢・呉音の区別、反切法《はんせつほう》▲での対応、漢字の四声《しせい》▲などとの対比が広く開陳されている。唐からやってきた商人の発音にも注意していたらしい。また、「日本」「本朝」の音声言語との比較が片仮名で示されることがしばしばあって、ここに「梵漢」の字や音と、さらに「日本」の言語(片仮名)との三者関係が認識されてくるようになった。そして、空海が採用した梵字(語)の五〇字門系をさらに展開させ、片仮名対応の五〇字音(アイウエオ)の原型を披露している。

一方、明覚は、このころ、悉曇を解する者は「鳥獣言語《ちょうじゅうげんご》」「鳥語《ちょうご》」に通じているという俗説が流布していたことにも言及している。それだけ悉曇の音声は特異なものであり、人々にはふつう何も理解できなかったことを物語っていよう。逆に、悉曇を解する者は特殊能力者とみられていたことになる。しかし、明覚

▼反切法　二字の漢字を使って、別に一つの漢字とその音を示す方法。二字のうち、上の字の頭音と下の字の中間音・末尾音(韻)とを組み合わせて、別の一文字(帰字《きじ》)を切出《せっしゅつ》(擦《こす》り合わせて作り上げる)し、その音をあらわす。たとえば「徳紅《トクコウ》の反《はん》」で「東《トウ》」の字と音を示す。

▼四声　中国語の四つの声調。平声《ひょうしょう》、上声《じょうしょう》、去声《きょしょう》、入声《にっしょう》の四種。梁の沈約《しんやく》(四四一〜五一三年)らによって発見されたという。詩文における平仄《ひょうそく》とは、平声と他の三つの声(仄声)とに区分したもの。日本では、圏点《けんてん》を漢字の隅に打って四声ないし平仄の区別をあらわす。八九七(寛平九)年ころの宇多天皇筆『周易抄《しゅやくしょう》』が、その最古の例とされる。

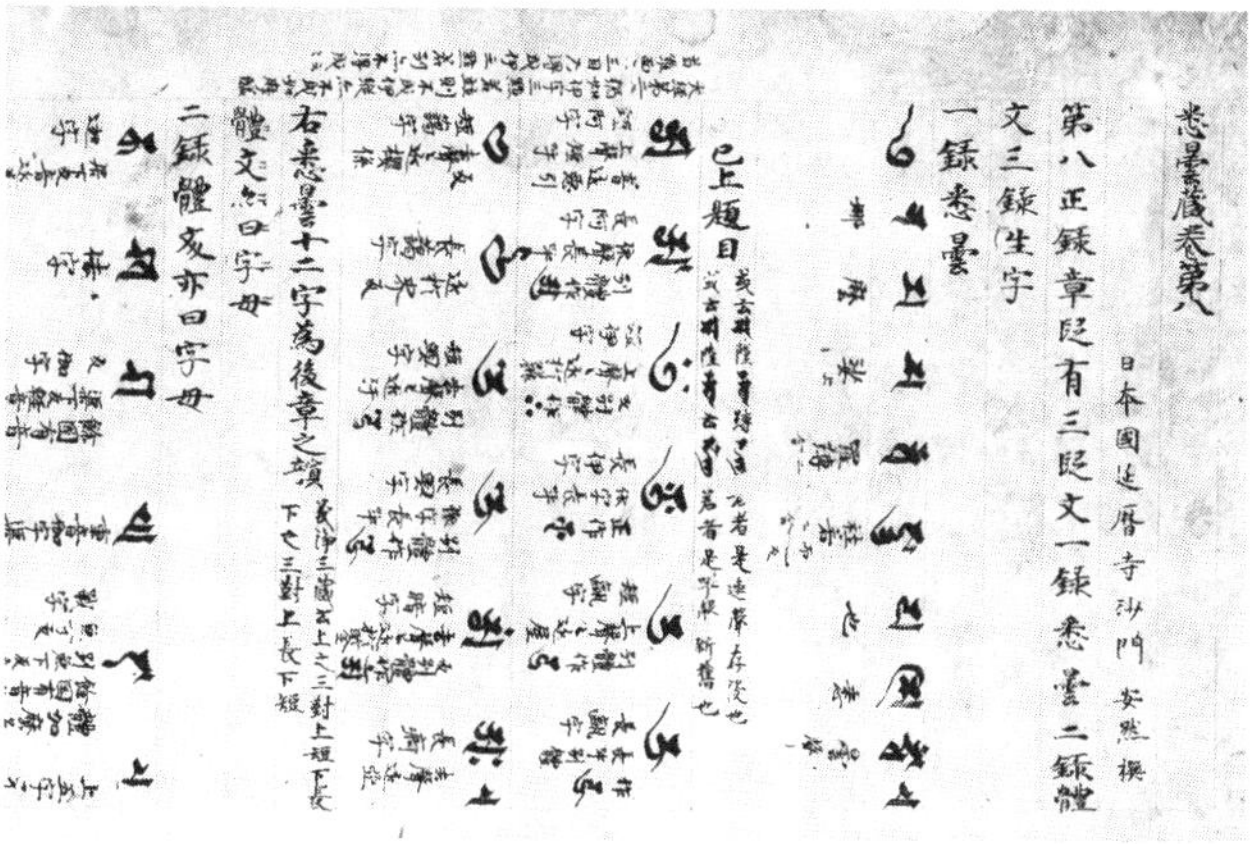
悉曇蔵巻第八
日本国延暦寺沙門　安然撰
第八正録章段有三段文一録悉曇二録體文三録生字
一録悉曇
已上題目
右悉曇十二字為後章之韻
二録體文亦曰字母

●——安然『悉曇蔵』

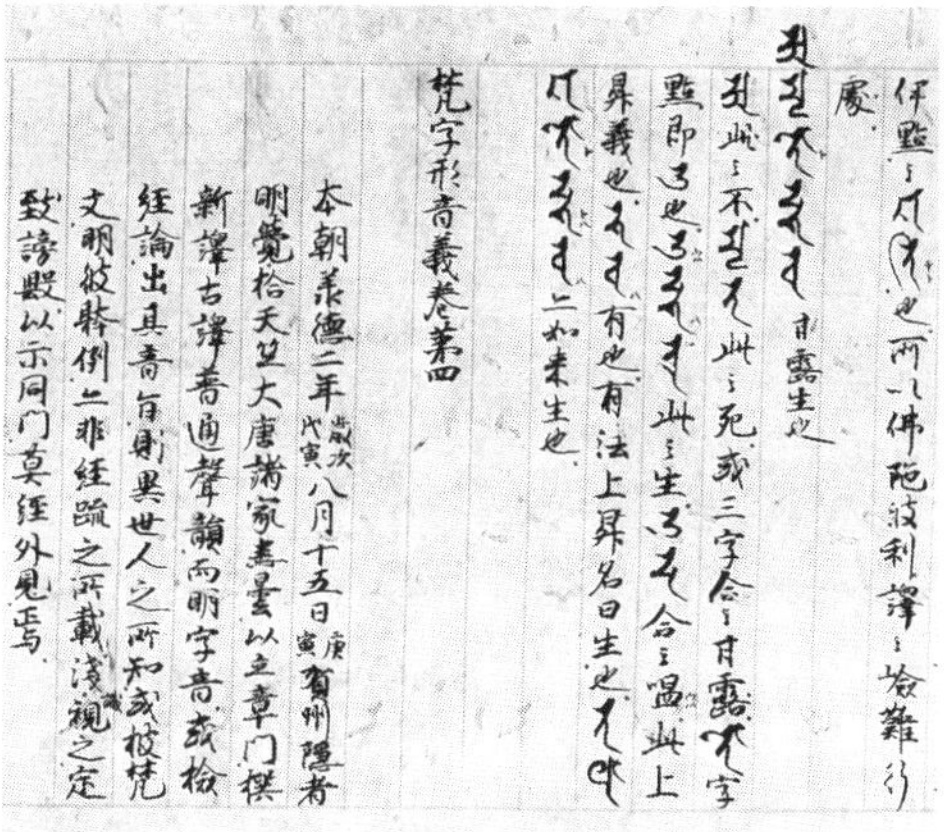
梵字形音義巻第四
本朝承徳二年歳次戊寅八月十五日庚寅賀州隠者
明覚捨天竺大唐諸家悉曇以立章門撰
新譯古譯普通聲韻而明字音或捨
經論出其音旨則異世人之所知或校梵
文明敍勝例亦非經論之所載淺視之定
致謗毀以示同門莫經外見焉

●——明覚『梵字形音義』

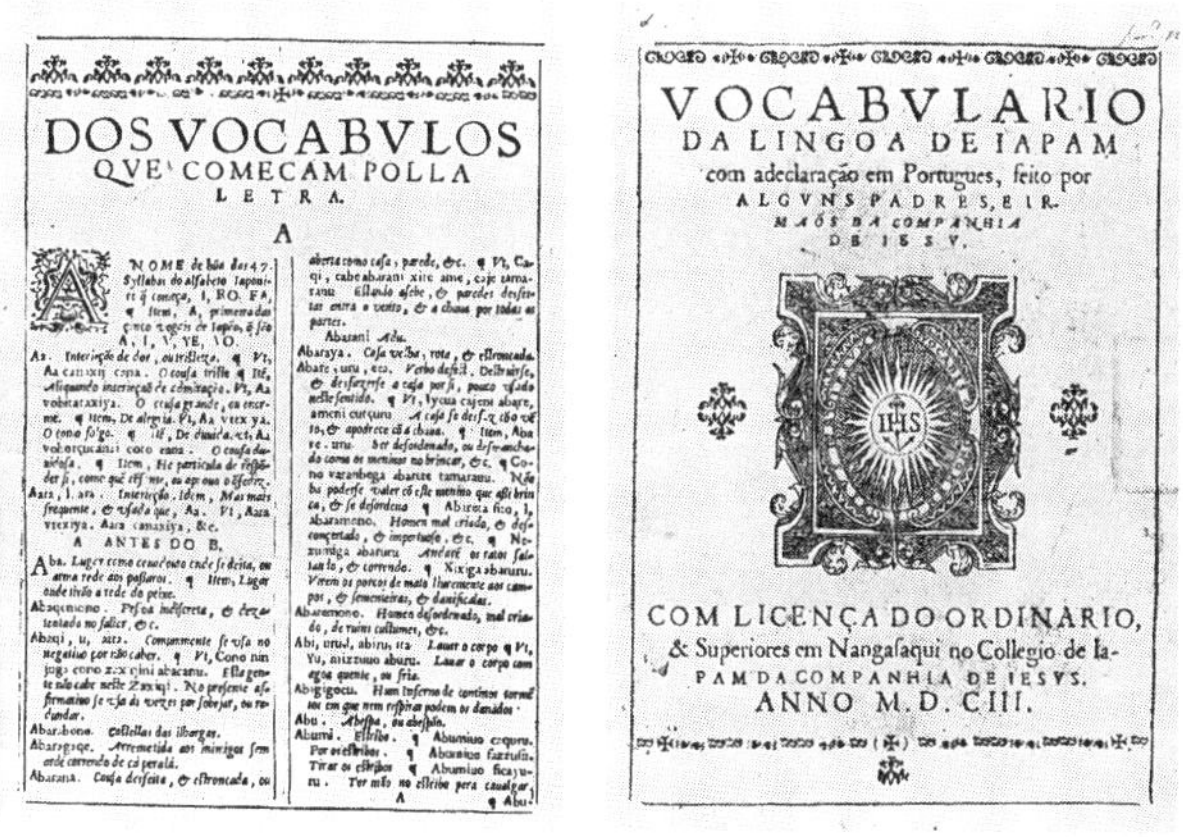
VOCABVLARIO
DA LINGOA DE IAPAM
com adeclaração em Portugues, feito por
ALGVNS PADRES, E IRMÃOS DA COMPANHIA DE IESV.
COM LICENÇA DO ORDINARIO,
& Superiores em Nangasaqui no Collegio de Iapam da Companhia de Iesvs.
ANNO M.D.CIII.

DOS VOCABVLOS
QVE COMEÇAM POLLA
LETRA.
A

●——『日葡辞書』原本扉(右)と本文(左)。

らが孤立した存在であったというわけではない。陀羅尼《だらに》・真言《しんごん》▲をとなえる密教の教学研究や実践に貢献しようとしたのであり、事実それは大いに役立てられたのであった。

明覚は、また、一〇九八(承徳二)年に隠棲先で『梵字形音義《ぼんじぎょうおんぎ》▲』四巻をあらわした。そこで彼は、「梵音」に中天《ちゅうてん》(インド)と南天《なんてん》(インド)の差異があり、「漢字」に漢音と呉音の区別があるので、ただ「梵字」と「漢字」を見ただけでは音がよくわからない。したがって、「本朝」の「仮音」「仮字」を用いて「梵唐両音の指南」としたいと宣言した。その「仮字」とは、「阿伊烏衣於」の「五十字」であり、その「諸字借音」であった。もちろん彼は、反切法や漢字の四声法などにも留意しつづけているが、「本朝」のカナ字(仮音・仮字・借音)をもってあらわす音声言語の効用をつよく意識したのである。

悉曇学▲は、入唐八家のあと九世紀後半から平安時代の後末期にかけて、ほぼ三〇〇年の間、未曾有の隆盛期を迎えた。日本における悉曇学の立ち上げであり、ある種の完成でさえあった。そして、「梵字」「梵音」とのかかわりにおいて、「漢字」という言葉をはじめて日本列島に成り立たせ、「漢字」というものを自覚

▼**陀羅尼・真言**　梵語(サンスクリット)のダーラニー(dhāraṇī)の音写語が陀羅尼で、総持とも能持とも漢訳。よく保持するなどの意味。密教では、長文の梵語を音写して呪文に用いたのを呪陀羅尼などと称し、短文のものを真言と呼ぶ。

▼**梵字形音義**　一三ページ中写真参照。

▼**悉曇学**　密教の展開にともない盛んになった梵字・悉曇の学習、研究、伝承。鎌倉時代以降、大きな進展はみられないが、江戸時代になって、法隆寺貝葉《ばいよう》(貝多羅樹の葉に記された梵文)などを活用した澄禅(?～一六八〇年)、浄《じょう》厳《ごん》(一六三九～一七〇二年)、飲光《おんこう》(一七一八～一八〇四年)らの研究があらわれた。

させた（「漢音」「漢語」の用法は奈良時代にさかのぼる）。

と同時に、やや後次的ではあるが、悉曇学は、「日本」「本朝」の五〇音カナ字（アイウエオの諸借音字）の基礎さえも生み出して、「本朝」の音声言語に貢献する文字群（仮字・仮音など）の存在を自認させることになった。これをもって、「梵」「漢」「本朝（日本）」の鼎立関係へのまなざしを植えつけていった。天竺《てんじく》（インド）・震旦《しんたん》（中国）・本朝（日本）の三部立てからなる十二世紀前半の『今昔物語《こんじゃくものがたり》集《しゅう》』▲も、ここにはじめて構成可能となったのである。

このころから、「漢字」と言えば、「梵字」と連呼されるのが世の常となる。たとえば、『色葉字類抄《いろはじるいしょう》』▲は、「字《シ》」について「梵字、漢字、隷字」などがあると説明している。吉田兼好も『徒然草』のなかで、「ぼろんじ、梵字、漢字」などと命名された人たちが「ぼろぼろ」という集団（有髪の乞食僧《こつじきそう》。のち虚無僧など）を作っていたと述べている。くだって、南北朝時代の『庭訓往来《ていきんおうらい》』▲には、「梵字・漢字の達者」が出てくる。

徳川家康が江戸に幕府をひらいた一六〇三（慶長八）年、日本イエズス会によって布教のために『日葡辞書《にっぽじしょ》』▲がはじめて刊行された。今、日本語訳に従って

▼**今昔物語集**　「今昔」ではじまり、原則的には「トナム語リ伝ヘタルトヤ」でむすぶ説話集。千二百余の説話を載せ、三一巻（三巻分は欠）からなる。編者は未詳。

▼**色葉字類抄**　十二世紀後半に橘忠兼が編纂した語彙字書。イロハ順に配列し、その中をさらに分類する。もと二巻であったが、のち三巻本、六巻本、一〇巻本などがあらわれて、「伊呂波字類抄」「世俗字類抄」とも称する。

▼**庭訓往来**　初学者に提供された一般知識書。一二カ月の往復書簡の形をかりたもので、近世の寺子屋でも流布した往来物の代表。玄恵法印の作と伝えられる。

▼**日葡辞書**　キリシタン版の日本語辞書。原題（訳）は「ポルトガル語の説明を付したる日本語辞書」。本篇と補遺からなり、総数三万二三〇〇近くの多様な日本語をイエズス会のローマ字で立項する。一三ページ下写真参照。

「漢字《カンジ》」の項目をひもとくと、「大唐《タイトウ》の字。シナの文字」との説明がみえる。そこで同じく「梵字《ボンジ》」の項目を見てみると、そこにはまったく同じスタイルで「天竺《テンジク》の字。シャムの文字」とある。

たしかに、「漢字」は「梵字」との対照によって、あるいは「梵字」に触れて、それに啓発されてはじめて出現し、発見された「文字」であった。このことは、ながく人々に意識されてきたのである。

②—見えにくい「まな」と「かな」

「真名(字)」と「仮名(字)」

いわゆる今日の漢字につながる発見、あるいは漢字の自覚や出現には、さらにもう一つの系譜があった。

たとえば、藤原明衡《あきひら》(?〜一〇六六年)が十一世紀半ばに書いたとみられる『新猿楽記《しんさるがくき》』▲がある。猿楽見物の一家を創作したフィクションであるが、その中に、「真字、仮字」などの能書家が登場する。「真字」を「真名」とする異本もあるが、「字」も「名」もともに「ナ」と発音されることがあった。

また、清少納言は『枕草子《まくらのそうし》』▲のなかで、ある男性のことをからかって、「真名も仮名も」悪筆だから彼は恥ずかしくなって逃げ去ったのだと述べている。さらに、『古今和歌集』には「真名序《まなじょ》」と「仮名序《かなじょ》」が伝えられるほか、一般的に真名本・仮名本という言いかたもある。藤原道長は、藤原行成に「仮名本七巻」を借りたと日記に書き残している。

くだって、『庭訓往来』になると、「梵字・漢字の達者」に加えて「真字・仮字

▼**新猿楽記**　各種の芸能、職業、生活状態などが網羅的に取り上げられているところから、世事一般の知識を伝える往来物の先駆とみるむきもある。

▼**枕草子**　一〇〇一(長保三)年ころの成立かとみられる三百余の随筆集。作者清少納言は、清原真人氏の出自で、一条天皇の中宮定子(関白道隆の長女)に仕えた。少納言の由来は不詳。

の能書」家らがあげられている。『日葡辞書』では、「漢字《カンジ》」と「梵字《ボンジ》」の項目のほかに、「文字」以下、「真名《マナ》・真字《マナ》」「仮名《カナ》・仮字《カナ》」「真名仮名《マナカナ》」などの項目もみられる。

ここに平安時代以来、ながきにわたって「真名（字）」と「仮名（字）」の対比関係があらわれてくる。これは、ふつう漢字と仮名の関係をさすものとみられている。現行の辞書類でも、「真名《まな》・真字《まな》」を仮名に対する正式の文字である漢字と説明した上で、漢字の楷書の意味もあったとしている。「仮名《かな》」については、本字《ほんじ》である漢字（真名）に対して、わが国で発生・発達した音節文字をいい、平仮名・片仮名・変体仮名▲がこれにあたるとする。ただ、万葉仮名▲をこれに加えることもあると補足している。

いかにも辞書らしく、簡にして要を得た解説である。すると、いま一つの漢字の出現と成り立ちの系譜は、この「真名（字）」と「仮名（字）」の対比関係のもとでさぐることができそうである。

さかのぼって『日葡辞書』の「真名仮名《マナカナ》」項目を見ても、基本的には現在の理解につながっていることがわかる。つまり、「真」または「消息▲」と呼ばれる文字

▼**変体仮名**　現在使われている平仮名とは異なる字体の仮名。たとえば「い」の場合、「以」とは違う「移」「意」などをいう。

▼**万葉仮名**　日本古代の言語を表記するために、独自の表音文字として用いられた漢字。漢字の音を用いた音仮名、漢字の訓を用いた訓仮名などがあり、やがて平仮名や片仮名を生み出した。『万葉集』にまとまってよく見られるので、この呼称が使われる。

▼**消息**　律令国家が定めた書式（公式様）の系譜をひく公的な文書とは違い、礼にかなったあらたな書札様の文書をいう。なかでも、個人が発する私信のこと。

（漢字）と、「仮名」と呼ばれる別の文字とをそれぞれさすというのである。この説明のうち、前者の「真名」に関するところは、そのまま「真名《マナ》・真字《マナ》」項目の解説にもなっている。後者の「仮名」については、実はとくに説明がないので、別途「仮名《カナ》・仮字《カナ》」項目を見てみよう。すると、そこには、日本の文字の一種であって、「仮名に言ふ」という言いかたがあり、皆の人がわかるように、やさしく話すことを意味しているとある。

　このあたりから、解説がややわかりにくくなってくるので、関連の項目をさらにひもといてみよう。まず、「真《シン》」とは、日本で通用しているシナの文字（漢字）であって、印刷体に似たもの（楷書）であると説明する。また、「まこと」ともいわれ、本当の本来の物という意味に展開するとも述べている。さらに、「真草行《シンソウギョウ》」とは、シナおよび日本の種々な文字の名前であるが、とくに「真」は、形として完全な文字の名をいい、「行」「草」と順次劣った文字になっていくと説く。したがって、もっとも上級の優れた文字の様《さま》が「真」であることになる。最後に「消息《ショウソコ》」の項目に目をやると、書状に用いられる日本の文字とする解説がある。

このような『日葡辞書』の解説は、現在の辞書の説明にくらべて、書体や伝達の諸条件を基軸にすえた現実的なものとなっている。したがって、このような歴史的現実に注意しながら、「真名(字)」と「仮名(字)」の関係や、その成り立ちをさぐってみよう。

「仮名(字)」は方便

そもそも、「仮名(字)」とは仏教用語であったと考えられる。そのもっとも知られた例をあげるなら、『法華経《ほけきょう》』方便品《ほうべんぼん》▲ということになろう。それによると、ただ「仮名字」をもって衆生《しゅじょう》を導くのだとあるが、その意味するところは、本来の法に名(字)はなく、仮の名(字)を付けて人々を導く方便とするというものであった。

空海や最澄も、しばしば「仮名」のことを口にし、記した。とくに空海の作り出した「仮名乞児《かめいこつじ》」は、『三教指帰《さんごうしいき》』▲のなかで仏教の正当・優位性を主張した人物として名高い。今、空海の『十住心論《じゅうじゅうしんろん》』や最澄の『顕戒論《けんかいろん》』などをひらいてみると、そこには「実体」「真実」ないし「真」などと対比させた「仮名」のことがしばし

▼『法華経』方便品　『法華経』は、仏の説いた正しい法、最上のすぐれた法の経の意味。現存三種の漢訳のうち、四〇六年の鳩摩羅什《くまらじゅう》訳『妙法蓮華経』八巻二八品がもっとも流布した。日本では、奈良時代以来とくに重用され、天台宗がひらかれた平安時代以降、その影響には測り知れないものがある。第一巻の序品につぐ方便品は、本論に入るところとして枢要な位置を占める。三昧に入っていた世尊釈迦仏が三昧から出て、舎利弗らに説法する内容であり、一乗が真実で、三乗が方便であると主張。

▼三教指帰　空海、二四歳ころの著作。大学を辞して、出家を宣言した書でもある。儒教の亀毛《きぼう》先生、道教の虚亡隠士、仏教の仮名乞児らが、三教(儒・道・仏教)を対話・戯曲形式で論じる内容。別本に、空海筆とされる『聾瞽《ろうこ》指帰』(高野山金剛峯寺蔵)がある。

假名乞児論

●『聾瞽指帰』一巻冒頭「仮名乞児」箇所

ば語られているのである。それは菩薩の名称であったりすることもあるが、十二世紀後半には、「天台法花宗《てんだいほっけしゅう》末葉の仮名《かな》比丘《びく》豪勇《ごうゆう》」と称する僧もいた。

「真名（字）」と「仮名（字）」の関係が、このような仏教にもとづく「真」なるものと「仮《かり》の名（字）」との対比に端を発したものであることは、ほぼ間違いあるまい。天台僧明覚が「仮名」「カナ字」を積極的に用いて「梵唐両音の指南」としたのも、これで一層理解しやすくなろう。なぜなら、明覚は、平安仏教で流布した「仮名（字）」と「真」なるものとの関係認識にもとづき、「梵唐両音」（「真」なるものにあたる）を知る方便としての「仮字」「カナ字」（「仮名〈字〉」にあたる）を採用する、正当かつ正統な理由を保証されたものとみられるからである。

しかし、あくまで方便である「仮名（字）」は、それがいかに必要であろうとも、「真」なるものにくらべると、それ自体では存立できないものであり、価値であった。にもかかわらず、仏教用語としての「仮名」は頻繁に登場するが、「真名」というような熟語は容易には見出しがたい。ということは、「仮名（字）」という概念がむしろ先行して、それと「真」なるもの（「実体」「真実」など）との対応関係から、いささか後次的に「真名（字）」と呼ばれるような領域や概念が設定され、浮上してきたのではなかろうか。

いずれにせよ、「真名(字)」と「仮名(字)」の関係は、仏教のとくに『法華経』などの方便論につきうごかされながら、創り出されていったものであり、あらかじめ決められた自明の関係ではなかったのである。

『和名類聚抄』の文化構造

このような関係の成り立ちを知るために、『和名類聚抄《わみょうるいじゅしょう》』の序文を見てみよう。この書物は、承平年中(九三一〜九三八年)に源順《みなもとのしたごう》が編集した百科事典のようなものである。醍醐《だいご》天皇の女である勤子内親王が、みずからの読書の参考書として注文し、作らせたものであった。

さて、その序文に編集方針が述べられている。それによると、まず「本文」をかかげて、その「正説」を注記する。もし「本文」が不明の場合は、ただちに『弁《べん》色立成《しょくりっせい》』『楊氏漢語抄《ようしかんごしょう》』『日本紀私記《にほんぎしき》』以下、『万葉集』などが用いるところの「仮字」をかかげることにするというのである。

これはどういうことかというと、たとえば「麓」という項目がある。その説明

▼**和名類聚抄**　「天地部」に始まる日本初の意義分類体の辞書。「和名」の提示に意を注ぐ。一〇巻本と二〇巻本があり、両者の関係については論議がつづいている。書名は、ほかに『倭名類聚抄』『和名抄』など。

▼**源順**　九一一〜九八三年。嵯峨源氏。文章生出身で才芸豊かであったが、政治世界では恵まれなかった。家集『源順集』があり、三十六歌仙の一人。

▼**醍醐天皇**　八八五〜九三〇年。宇多天皇の第一皇子。母は藤原胤子。八九七(寛平九)年、宇多天皇の譲位をうけて即位し、九三〇(延長八)年、皇子の朱雀天皇に譲位して、ほどなく死んだ。その治世は、のち延喜の聖代とたたえられる。日記『醍醐天皇宸記《しんき》』がある。

▼**説文解字**　『説文』と略称。漢字を字形によって分類配列し、その字義を説明した最初の字書。著者許慎は、一世紀の後半に生まれ、二世紀半ばに死んだとみられる。

●――『和名類聚抄』

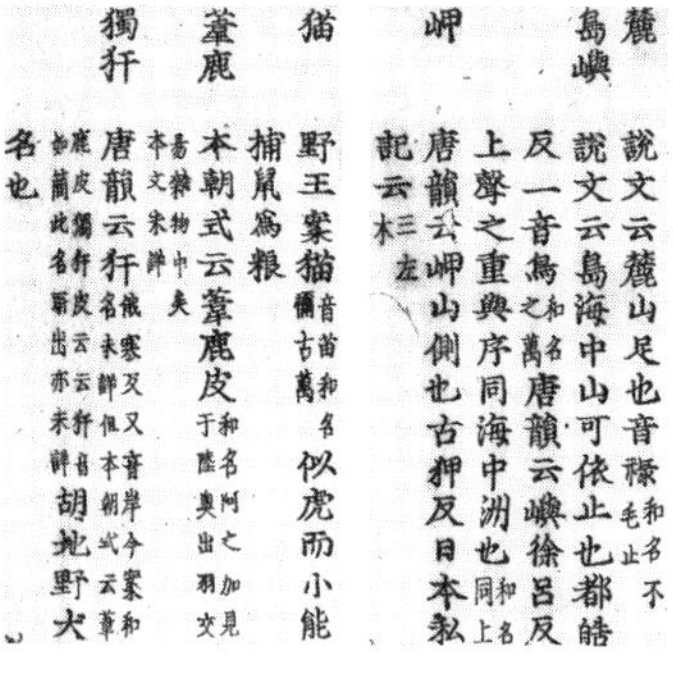
麓　説文云麓山足也音禄和名不毛止
島嶼　説文云島海中山可依止也都皓反一音嶋和名之萬唐韻云嶼徐呂反上聲之重與序同海中洲也和名同上
岬　唐韻云岬山側也古押反日本紀云三左木
猫　野王案猫音苗和名禰古萬似虎而小能捕鼠為粮
葦鹿　本朝式云葦鹿皮和名阿之加見于陸奥出羽交易雑物中本文未詳
獨犴　唐韻云犴俄寒反又音岸今案和名未詳但本朝式云葦胡地野犬鹿皮獨犴皮云云犴音如蘭此名所出亦未詳名也

『倭名類聚鈔』(元和古活字本)

は、「説文に云う、麓は山足なり、音は禄(和名は不毛止)」となっている。すなわち、中国の「本文」、この場合は漢の許慎があらわした『説文解字《せつもんかいじ》』▲に「麓」という語句(文字)が登載されており、その正当かつ正規の解説、つまり「正説」を記した。加えて、その音がロク、和名がフモトであると補足したのである。

ところが、「葦鹿」という項目がある。その説明は、「本朝の式に云う、葦鹿の皮(和名は阿之加、陸奥・出羽の交易雑物の中に見ゆ、本文は未詳)」となっている。すなわち、「葦鹿」という語句(文字)は中国の「本文」にはなく、したがってその意味を説いた「正説」も存在しない。だから、「本朝」こと「和」の「三代式《さんだいしき》」(弘仁・貞観・延喜の三代式、もしくはいずれかの式)に登場する「葦鹿の皮」という「仮字」をもってのみ立項し、かつ説明することとした。ちなみに、その「葦鹿」は「和名」をアシカといい、陸奥・出羽両国から京へ納める交易雑物という品目の中にその皮が含まれているというわけである。

また、「於期菜」という項目もある。これについては、「本朝の式に云う、於期菜」という説明がなされている。すなわち、ここでも「於期菜」(ふつう、オゴノリという海苔)とする語句(文字)は中国の「本文」とその「正説」に何らみえない。

しかし、実際に使われている名称だから、「本朝」こと「和」の『延喜式』などから取って立項した。つまり、この「於期菜」は「仮字」の一種ということになるが、もともと意味のある整合的な文字をあてたわけではなく、ただ音声を借りた「仮借」にすぎないと述べている。

ここで終始言われていることは、「本文」や「正説」と、「仮字」ないし「仮借」との関係である。これは、あたかも「真名(字)」と「仮名(字)」の関係に相当し、さらにすすんで単純化すれば、いわば漢字と仮名の関係と思われるかもしれない。しかし、あまり性急に固定観念を持ち出さない方がよいであろう。

まず、この場合、「仮字」は登場しても、「真字」という言葉はまったくみられない。ということは、すでに仏教用語の観点から予想しておいたように、「仮名(字)」の事実と概念が先行して、逆に「真」なるものの認定を促していくという関係の誕生期間に今私たちは立ち合っていることになる。

一方の「真」なるものは、今の場合、「本文」や「正説」と表現されており、まだ「真字(名)」として十分に成長していない。少なくとも、「真」と「仮」の文字関係をまだ鮮やかに成り立たせていない局面をはらんでいるのである。

しかし、さらに注意したいのは、この場合の「本文」と「正説」も、また「仮字」「仮借」もいずれも今でいう漢字表記であった。つまり、「仮字」とか「仮借」というのは、今の私たちが思うところの仮名ではないのである。そこで私たちは原点に立ち戻る必要があろう。

そもそも源順は、文字の文化に「本」とか「正」の価値と、「仮」の価値とを差別することからはじめた。この場合の文字とは、いわば漢字なのであるが、実は、その一字一字のことが問われているのではない。それぞれの名称をあらわす語句（麓、葦鹿、於期菜など）が中国の書物に典拠を求めることができるのか、それとも「本朝」つまり「和」で編まれた書物にしかその典拠が求められないのか、ということを基準にしたのである。そして、前者の場合を「本文」の「正説」に支えられた文化価値とし、後者の場合を仮りに通用している「仮字」や「仮借」の文化価値としたのであった。

だから、「本文」と「正説」の意味合いは、以下のように言いかえることができよう。すなわち、一つ一つの文字（漢字）というよりも、文字（漢字）とその組み合わせが、既存の中国書の文脈や文体、ひいては含意の枠内にすっぽりおさまっているか、そのように説明できるかということであって、今日流に言えば、漢字であるか否かではなく、漢文(体)として保証され、復原されることができるのかという文化領域・価値のことなのである。逆に言えば、ここに「真名(字)」のかくされた一つの原点がある。

これに対して、「仮字」「仮借」とは、いわば漢字であるかどうかというまえに、そもそも漢文(体)としての保証もなければ、復原もできない文化領域・価値をあらわしている。しかし、漢文(体)から切り離された文字は、それがたとえ字形としての漢字であろうとも、もはや正しくは漢字ではなくなっていくという意味において、「仮字」ということになる。したがって、字形としての漢字でないことが「仮字」の出発点にあるのではなく、漢文(体)として成り立たないところにその本源性があるのであった。

ここに、これまでの文字(漢字体)をめぐる文化にあらたな解体や乖離《かいり》が発生し、交錯し合った二重の文化構造が自覚的に誕生してくる歴史を見て取ることができる。それは、いわば「和(倭)漢」の二重構造出現でもあった。事実、源順は『和名類聚抄』の編集にあたって「倭漢の書」をさぐったと回想し、みずから

「賢大夫《けんたいふ》の心、倭漢《わかん》に通」ずる者と称することになる。

ただし、この点について最後に注意しなければならないのは、音仮名《おんかな》▲・万葉仮名で示された「和名」が、「仮字」であるかないかを問わず、広く施されていることである。これは、漢字形の文字（書記）と、「和」の言葉（口話）との、ずれを含んだ関係が別に自覚され、出現してきていることを物語っていよう。となると、「本文」「正説」をいただく文字と、「仮字」との二重の文化領域・価値は、逆に一つのまとまった書記文化を構成して、さらに「和名」という口話文化とかかわりをもつことになる。ところが、その口話とて、文字（音仮名・万葉仮名）であらわされるのであって、その文字は、いわゆる仮名への道をすすむ。かくて、「仮名（字）」と「真名（字）」との関係は、次のような重層性をはらんでいたことが予想されるのである。

第一は、書記文化の中のこととして、「本文」「正説」をいただく文字が「真名（字）」へとすすみ、「仮字」が「仮名（字）」へとすすむ関係。

第二は、書記文化と口話文化という対比のもとで、二重の書記文化そのものが「真名（字）」へとすすみ、口話文化が「仮名（字）」へとすすむありかた。

▼音仮名　万葉仮名のうち、漢字の音を独自に用いたもの。たとえば「夜久毛」（八雲のこと）。これに対して、漢字の訓を独自に用いて「名津蚊為」（懐《なつかし》のこと）などと表記するのは訓仮名。

この錯綜したからみにもとづいて、「真名(字)」と「仮名(字)」のわかりにくい実態がうごめいているとみたい。

文字は〝書〟

「真名(字)」と「仮名(字)」の関係や成り立ちと、その複雑な二重構造性について考えようとすれば、さらに文字とその文が、表象としての〝書《しょ》〟であるという視点をもつことが必要になってくる。

実は、『新猿楽記』に登場する能書は、「真字、仮字」にとどまることなく多彩であったが、なかでも「真《しん》、行《ぎょう》、草《そう》」の三書体が取り上げられていることに注意したい。これは、いわゆる真書(楷書のこと)、行書、草書に三区分される、今日にもつながる書体のことである。

この三書体に等しくこだわった先駆者は、やはり空海であった。〝弘法《こうぼう》、筆をえらばず〟とは彼のことであるが、実は彼自身、「能筆《のうひつ》は必ず好筆《こうひつ》を用いる」ものだと明言しており、嵯峨天皇に狸《たぬき》の毛の筆▲四本を贈った。それらは、「真の書」「行の書」「草の書」「写の書」用であった。かくて〝弘法は筆をえらんだ〟の

▼狸の毛の筆　狸は「タタケ(ゲ)」と言い、「タタケノフテ」(狸毛筆)は、狸の毛を使った筆。空海は、唐でこの筆を知り、帰国後、さまざまに作らせ、試みてみたらしい。狸は、一説にネコともいう。

▼鑑真　六八八〜七六三年。日本律宗の祖。唐揚州江陽県(現中国江蘇省揚州市周辺)生まれ。洛陽・長安で天台や律を学び、郷里に戻り、高僧と崇められた。日本からの留学僧らの招請をうけて、五回ほど渡日を企てるが失敗。ついに七五三(天平勝宝五)年、日本に到着。入京を果たした後、東大寺大仏殿前で聖武太上天皇らに菩薩戒を授け、戒壇院を造り、唐招提寺をひらく。大和上の号を授けられ、唐招提寺には盲目の坐像が伝わる。

である。一字一字の世界にこだわる空海らしい贈り物と言えよう。

しかし、この三書体については行書の存在が見えにくい。現実に行書がなかったということではなく、行書に対する理解の仕方が見えにくいということであり、逆にこの点から「真」と「草」の関係があぶり出されそうである。

かつて、唐僧鑑真《がんじん》▲らは、二王といわれた王羲之《おうぎし》と王献之《おうけんし》▲の父子の「行書」を日本へ将来したと伝えられる。東晋の王羲之の書法は、唐の太宗《たいそう》(五九八〜六四九年)によってこよなく愛され、太宗の陵にその書「蘭亭序《らんていじょ》」▲などがわざわざ埋納されたとさえいわれている。その後、唐では大いに好まれつづけたが、日本の聖武《しょうむ》天皇(七〇一〜七五六年)や光明《こうみょう》皇后(七〇一〜七六〇年)らも、これにならって王羲之の書法を愛玩した。天皇の死後、その遺愛品として王羲之の書法(写し)二〇巻が東大寺大仏に献納され、ついで同正倉院に入ったことはよく知られている。

その内訳は、草書が一〇巻分、行書が二巻分、「真草千字文《しんそうせんじもん》」▲が一巻分、その他であったが、その他には真ことと楷書が多く含まれていよう。すると、行書はごくわずかということになる。いわんや、のち八二〇(弘仁十一)年にこれら全

▼**王羲之と王献之**　王羲之は、東晋建国の功労者王導《おうどう》の甥にあたり、瑯耶《ろうや》(現中国山東省臨沂《りんぎ》市周辺)の王氏出自。四世紀の人。王右軍《おうゆうぐん》(右軍将軍等の官職についたことに由来する)とも称される。唐の太宗によって、書聖の地位を不動のものとする。王献之は、羲之の七男。この父子は「二王」と並称され、父を「大王」、子を「小王」とも呼ぶ。しかし、いずれも真蹟は伝わっていない。

▼**蘭亭序**　三一ページ上写真参照。

▼**真草千字文**　三一ページ下右写真参照。

部が持ち出された時の記録には「真草書二十巻」とあるから、行書の存在はまったく意識されていなかったと思われる。

　藤原不比等《ふひと》▲がみずから書したという屛風も、その娘である光明子の晩年に東大寺正倉院へと入った。その書は「真草雑書」であったとされるから、これまた行書の存在が欠けていたか、うすいものであったことになる。

　くだって、最澄周辺でも行書の理解は乏しい。彼が唐から持ち帰った書法のうち、書体の区別が明らかなものは「真草千字」（石刻写し）であるが、これはまさに真書と草書を対比させた「千字文▲」であった。彼はさらに、「真草文一巻」を残している。

　そうすると、三書体のうち、中間の行書の存在がもっとも薄く、ほとんど真書（楷書）と草書の対比で表象としての〝書〟が理解されていたのではないかと思わずにはいられない。そして、空海はその例外であった、と。

　ところが、醍醐天皇には注目すべきところがある。この天皇は、累代伝えられてきた書法（中国）を網羅的に閲覧し、写させ、そして目録整理をおしすすめた。空海や橘逸勢《たちばなのはやなり》▲の書にも多大な関心を示し、その保存に心をくだいた。

▼藤原不比等　六五九〜七二〇年。鎌足の二男。名は史とも書く。大宝・養老律令編纂などにかかわる。娘の宮子は文武天皇の夫人、同じく光明子は聖武天皇の皇后。

▼千字文　四字句（四言）の韻文が二五〇句あり、すべて重複しない一〇〇〇字からなる文章。梁の武帝が周興嗣（?〜五二一年）に命じて、王子らの習字の教科書として作らせたもの。広く流布して、王羲之の書法にならった六世紀後半の中国僧智永の「真草千字文」は著名。日本では『古事記』応神段に、『論語』とともに伝来との伝承がある。七世紀後半には流布していた。

▼橘逸勢　?〜八四二年。奈良麻呂の孫。八〇四（延暦二十三）年、空海・最澄らと入唐。のち、承和の変で逮捕され、伊豆への流刑の途中で病死。やがて怨霊として祀られる。隷書をよくし、三筆の一人とされるが、真蹟として確実なものはない。

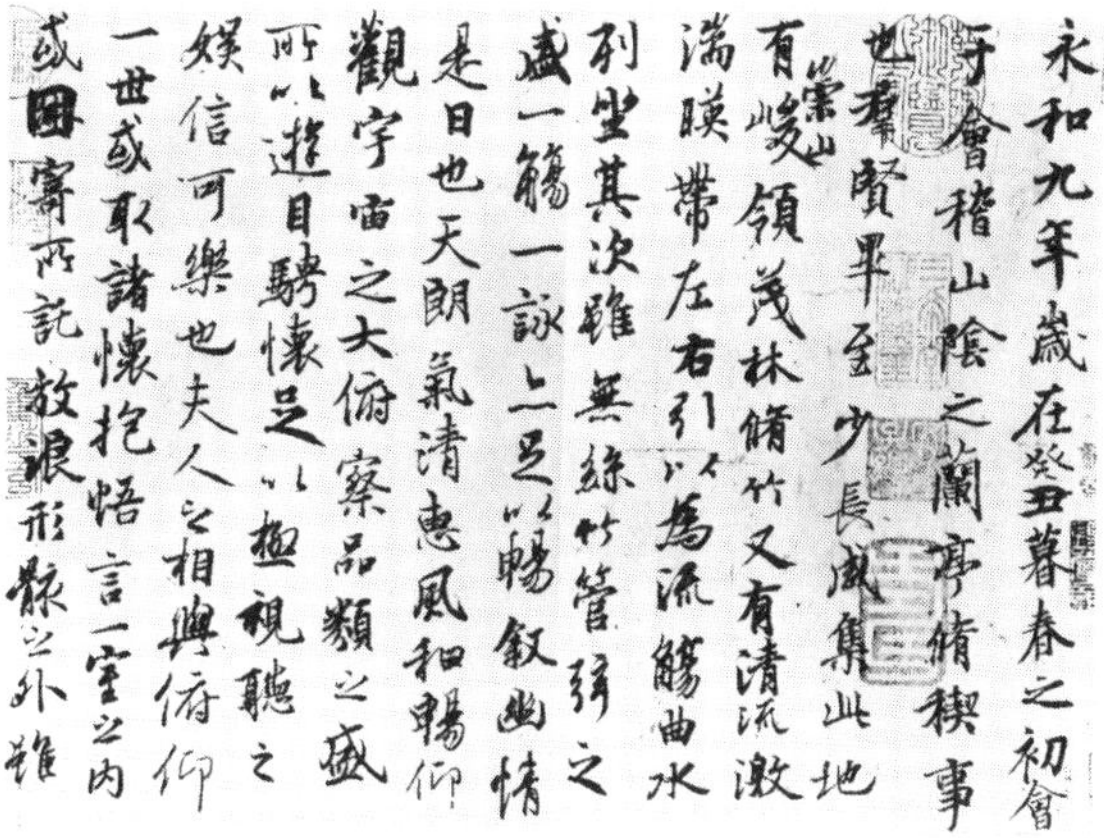
永和九年歳在癸丑暮春之初會
于會稽山陰之蘭亭脩稧事
也羣賢畢至少長咸集此地
有崇山峻領茂林脩竹又有清流激
湍暎帶左右引以為流觴曲水
列坐其次雖無絲竹管絃之
盛一觴一詠亦足以暢叙幽情
是日也天朗氣清惠風和暢仰
觀宇宙之大俯察品類之盛
所以遊目騁懐足以極視聽之
娯信可樂也夫人之相與俯仰
一世或取諸懐抱悟言一室之内
或因寄所託放浪形骸之外雖

王羲之「蘭亭序」(模本)

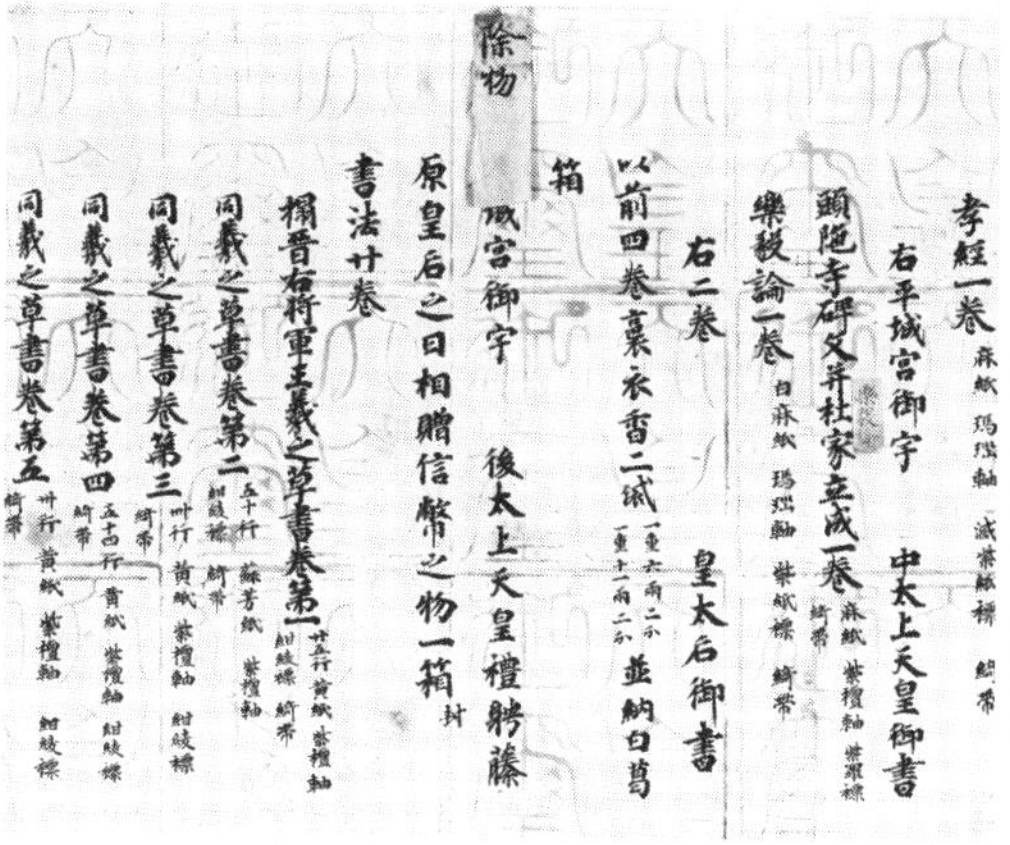
孝経一巻 麻紙 瑪瑙軸 滅紫綺褾 綺帯
右平城宮御宇 中太上天皇御書
頭陀寺碑文并杜家立成一巻 麻紙 紫檀軸 紫羅褾 綺帯
楽毅論一巻 白麻紙 瑪瑙軸 紫紙褾 綺帯
右二巻 皇太后御書
以前四巻 褁衣香二裹 一重六両二分 一重十一両二分 並納白葛
箱
城宮御宇 後太上天皇禮騁藤
原皇后之日相贈信幣之物一箱 封
除物
書法廿巻
搨晋右将軍王羲之草書巻第一 廿五行 黄紙 紫檀軸 紺綾褾 綺帯
同羲之草書巻第二 五十行 蘇芳紙 紫檀軸 紺綾褾 綺帯
同羲之草書巻第三 卅行 黄紙 紫檀軸 紺綾褾 綺帯
同羲之草書巻第四 五十四行 黄紙 紫檀軸 紺綾褾 綺帯
同羲之草書巻第五 卅行 黄紙 紫檀軸 紺綾褾 綺帯

天平勝宝八歳六月二十一日献物帳

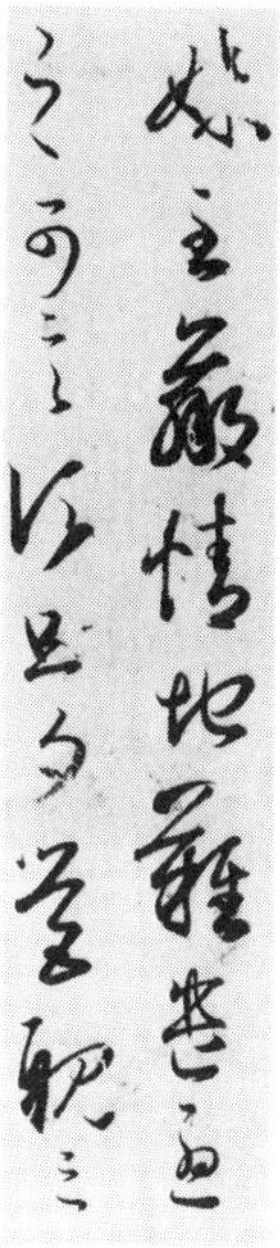

王羲之「妹至帖」(模本)

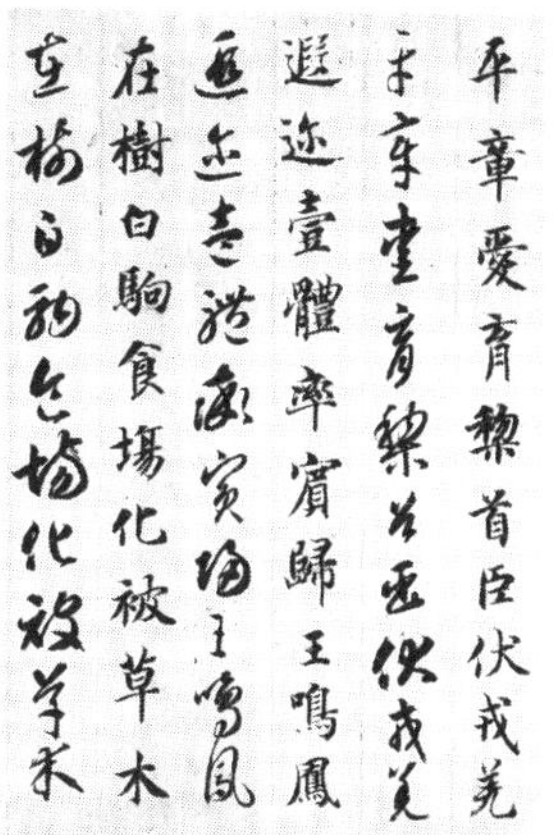
平章愛育黎首臣伏戎羌
平章愛育黎首臣伏戎羌
遐邇壹體率賓歸王鳴鳳
遐邇壹體率賓歸王鳴鳳
在樹白駒食場化被草木
在樹白駒食場化被草木

智永「真草千字文」

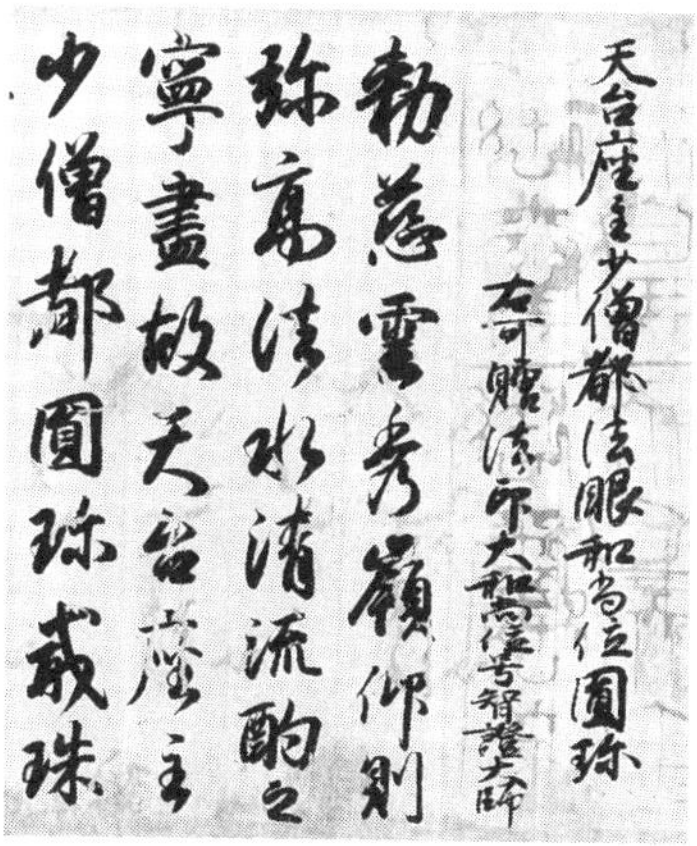
天台座主少僧都法眼和尚位圓珍
右可贈法印大和尚位并諡号智證大師
勅慈雲秀嶺仰則
彌高清水清流酌之
寧盡故天台座主
少僧都圓珍載珠

小野道風「智証大師諡号勅書」

天皇の陵には、愛用の硯、琴、笛などとともに書が納められた。その書とは、「楽毅論《がっきろん》」「蘭亭集序」「羸《るい》」の三巻である。いずれも王羲之の書法であり、このような埋納は唐の太宗の例にならったものとみられる。しかも、この三巻は任意に選ばれたものではなかった。はじめの二巻は「真・行」書の極致といわれ、とりわけ冒頭の「楽毅論」は正書（真書・楷書のこと）の第一級品として唐で誉れ高いものであった。最後の「羸」とは、「羸」の文字を含んだいわゆる「妹至帖《まいしじょう》▲」がこれにあたるものとみられ、草書の逸品である。

すると、この三巻はまさに王羲之の「真・行・草」を代表する書法として選び抜かれた可能性がある。その意味からすると、三書体への自覚とともに行書もそれ自体の位置を獲得したことになろう。たしかに、醍醐天皇の時代には、小野道風《おののみちかぜ》▲の「行・草書各一巻」が唐へ送られている。また、菅原道真《すがわらのみちざね》▲は能書家の小野美材《よしき》▲の死を悼《いた》んで、彼の「真行草の書の勢い」を惜しんだ。

たしかに、九世紀後半から十世紀にかけて、三書体や、その中の行書への理解が深まり、その実践もうかがえよう。ところが、ことはさほどに単純でなさそうである。なぜなら、小野美材にしても、一方では、もっぱら「草神《そうしん》」（草書

▼**妹至帖**　三一ページ中左写真参照。

▼**小野道風**　八九四〜九六六年。篁《たかむら》の孫。宮殿の屏風や扁額などの能書家。三蹟（跡）の一人で、とくに野蹟《やせき》（跡）と称される。

▼**菅原道真**　八四五〜九〇三年。是善の子。文章生出身で、宇多・醍醐両天皇の信任を得ていたが、九〇一（延喜元）年、左大臣藤原時平によって、右大臣だった道真は大宰帥に左遷され、任地で死去。その後、怨霊として崇められ、天神・雷神、さらには学芸の神ともなる。安楽寺（太宰府天満宮）や京都北野天満宮などに祀られた。漢詩文集は『菅家文章』『菅家後集』。

▼**小野美材**　?〜九〇二年。篁の孫。宮殿の屏風や扁額などの能書家。

の神様）と評されているからである。すると、ここに「真行草」にわたる評価と、その中の一書体（草）に対する特化の評価との二重性が見て取れることになる。

この点は、小野道風を夢にまで見て、その書法を学んだとみずから記録した藤原行成《ゆきなり》▲についても言えることである。行成は、行書はもとより、三書体にわたる能書家であった。その彼が、三年以上も手元において学んだ書法は、後漢の張芝《ちょうし》▲の書と称する「草千字文」と「草香一天」、王羲之の「真書楽毅論」「真書黄庭経」「真書尚想」「真書河図」の六巻であった。ここに、行書はなく、「草聖」とあがめられた張芝の草書（法）と、王羲之の真書（法）があるのみである。

また、行成の男子である良経が元服する時には、小野道風の「真草」書（手跡、つまり自筆のもの）と、「唐千字文書法」とがそれぞれ一巻贈られている。つまり、行書をよく書いた道風については、わざわざその真書と草書が選ばれ、唐の「千字文」もおそらく世に流布した真・草対比の書法であったものと思われる。

とするなら、いかに三書体の展開がみられ、その三書体が能書評価のきまり文句として使われたとしても、その基本的な理解は真書（楷書）と草書の対極的な関係にもとづくものであったと考えられる。

▼**藤原行成**　九七二〜一〇二七年。義孝の子。権大納言に至る。藤原道長の側近でもあり、日記『権記《ごんき》』を書き残す。三蹟（跡）の一人として、とくに権蹟《ごんせき》（跡）とも呼ばれる。真蹟に国宝「白楽天詩巻」などがある。行成の建てた寺名にちなんで、その書風と家系を世尊寺流と称する。

▼**張芝**　敦煌酒泉（現中国甘粛省酒泉県）の出身。父は奐。字は伯英。池に臨んで書を学び、池水が黒くなったと伝えられる。書道・習字のことを臨池と言うのは、この故事による。

一一七七(安元三)年に藤原教長《のりなが》▲の口伝を記録したものといわれる『才葉抄《さいようしょう》』▲は、次のようなことを述べている。すなわち、「真の物」(真書)が一番大事であり、唐人もまっさきにこれを学んだし、日本でもそうであった。しかし、近年は「行の物」(行書)をさきに学ぶ傾向があって、「真」に達する人がまれになったというのである。また、行成の子孫伊行《これゆき》が、高倉天皇在位中(一一六八〜八〇)に女子に書き残したといわれる『夜鶴庭訓抄《やかくていきんしょう》』▲には、行成の写経をめぐる話がのっている。それによると、写経は本来「真」に書くべきであるが、行成は極端な「真」をきらい、また逆に行き過ぎた「草」もさけて、「見よきほどの真」に書き上げたというのである。

この二つの口伝の類から共通して知られるのは、まさに行書の流布であり、真書でも草書でもない、その中間のいわば行書の日常化現象であった。にもかかわらず、その行書は現在の私たちが単に分類するようなそれではなく、「見よきほど」の真書としてもとらえられていた。

では、その「見よきほど」とはどのようなことを言うのか。再び『才葉抄』に語ってもらうなら、それは偏《へん》や旁《つくり》、あるいは囲《かこい》の内外などが均整を欠いた一文字

▼**藤原教長**　一一〇九〜?。忠教の二男。保元の乱で常陸に配流。帰京後、高野山に入る。

▼**才葉抄**　世尊寺流の藤原伊経《これつね》が、高野山の庵室に藤原教長をたずねて、書の秘伝を授けられ、記録したもの。

▼**夜鶴庭訓抄**　世尊寺流の初期の書論。筆者藤原伊行は伊経の父にあたり、伊行の女子右京大夫も能書家であった。

一文字、つまり「不具」なる字画や字体であってはならない、しかし余りにぎこちなく堅苦しくてもいけない、というわけだ。ここから読みとれるのは、やはり、どこまでも真書を規範としつつ、その真書をいかに「見よきほど」に「うつくしく」「うるはしく」「見よかるべき様に」書き上げていくかという工夫と技能、そして意匠が問われているということになる。

その過程で、今日流にいう行書が広まった。その極致に草書があると言うこともできるが、早くから真書の対極にあるものとされていた草書は、必ずしも行書の単なる延長線上でとらえることはできない。一三五二(文和元)年に尊円《そんえん》親王(一二九八〜一三五六年)が書き残した『入木抄《じゅぼくしょう》』▲によると、もはや行書は「中庸」なるものとして最優先されるようになっていた。にもかかわらず、「行の真」と「行の草」に二分類することを忘れていない。

ここに、いつまでも真書と草書の対比観念と、真書の規範観念とをのりこえられないまま、行書化の現実が進行するという二重性や矛盾、ひいては曖昧さをはらんでいたとみることができよう。巧みだが、あやうい表象としての行書の広まりは、日本の文字(漢字)文化の成り立ちとその正体を逆に照らし出して

▼**入木抄**　世尊寺流を学んだ尊円親王が、後光厳天皇の手習のために撰進したもの。親王は伏見天皇の第六皇子で、のち出家し、青蓮院門跡となり、天台座主にもついた。「入木」とは、書道・習字の意。

くれるのである。

真書と草書

「千字文」の学習などを通じて意識されていた真書と草書の対比観念は、『大鏡《おおかがみ》』に伝えられる藤原行成のエピソードによくあらわれている。それは、幼き後一条天皇（一〇〇八～三六年）のために、扇の表に楽府《がふ》（『白氏文集《はくしもんじゅう》』▲の中の詩）を「うるはしく真にかき」、その裏に「草にめでたく」書いて贈呈したというのである。ここで行成は、扇という愛玩品と天皇の将来に託して、真書で表現された唐の詩文を表の世界として示し、草書で表現されたものを裏の世界として示したのであった。

今、すべての手書きを単純に表裏の世界とからませて読みとくことはできまいが、少なくとも、真書が正規の公式な世界を表象していたか、そのように望まれていたことは確かであろう。『才葉抄』の場合では、申状《もうしじょう》・諷誦《ふじゅ》・願文《がんもん》を真書にし、廻文《めぐらしぶみ》を行書にするのがよいとされている。『夜鶴庭訓抄』は、さきに紹介した写経の真書のほかに、戒牒《かいちょう》の座主《ざす》の署名は真書であるべきだと述べ

▼**白氏文集**　唐の白居易（字は楽天、七七二～八四六年）の漢詩文集。七五巻（現存七一巻）。晩年の八四五年、みずからが最終的にまとめた。これ以前から、日本へは元稹撰『白氏長慶集』（八二四年成立）の影響がみられるが、本格的には九世紀半ば以降に自撰の文集が日本へ伝えられ、白居易の詩文は多大な影響を及ぼした。

ている。このように、書体はメッセージとしての文書の一部をなしていたのである。

十世紀後半、源順によって書かれたのではないかとも言われている『宇津保《うつぼ》物語』▲は、当時の貴族社会で文字がどのように書かれ、また読まれていたのかをきめ細かに伝えた作品でもある。この点は、『源氏物語』と双璧をなしている。その『宇津保物語』蔵開《くらびらき》の中巻では、主要人物である俊蔭《としかげ》の文集が真書で書かれ、その父の文集が草書で書かれていたことになっていた。そして、真書を机の上に置いて、一度は訓で、一度は声(音)で読むなどしている場面が登場する。

ここから思い浮かぶのは、文机の前に正座して、机の上に置かれた文書を、あるいは訓点などを施しながら訓じ、また漢音にならって声をあげるというふうなスタイルである。そして、この時の文書は真書(行書化も含む)であることがもっともふさわしく、訓点を施すとなると、いわゆる「放ち書き」、つまり一字一字を離して書く楷書(やや行書的でもよい)でなければならないだろう。訓点の発明と展開は、真書からはじまるのである。

このような真書は、一方で「味気《あじき》なの宣旨書《せんじがき》」などとも言われる。それは、公

▼**宇津保物語**　二〇巻。題名の漢字表記は一定せず、諸本の間の錯乱も少なくない。「うつほ物語」と表記しておくのが適切かもしれない。創作当初は、清少納言や紫式部らにも愛読されたが、その後あまり読まれなかったらしい。琴の音楽を伝承する俊蔭一族のありさまを軸にして、あて宮中心の求婚譚などを描く。竹取物語との関係もある。諸本の性格もあって、扱いかたには難しいところがあるが、平安時代の貴族社会の実態を知る貴重な資料である。

▼草仮名　草書体の万葉仮名。平仮名ほどにはくずしていない。

式的で建て前だけの、心が直接伝わらない世界であり、メッセージであるというわけだ。「男手《おとこで》」とも称されているから、一面では男の政治社会の表象でもあった。

したがって、真書だけで人々の社会は成り立っていかない。あるいは、そのような意味において自覚されるようになったのが真書であり、真書の本当の成り立ちであると言うべきかもしれない。やはり『宇津保物語』を例にとるなら、菊の宴という巻で、饗宴に人々を招く準備が行なわれている。何とか多くの人に来てもらうために、廻文の奥に「草仮名《そうがな》▲」で一筆添え書きをしようというのである。すなわち、真書でいわゆる漢文調に書いた正式の招待状本文だけでは説得力がないので、その末尾に、わざわざ「草仮名」で心のこもった肉声を伝えようとしたのであった。

ここでいう「草仮名」は、草書であらわした万葉仮名・音仮名のことであるらしく、この書きざまの延長線上に今日言うところの平仮名がある。いわゆる漢字形の文字（「以」など）を一字一音式化した万葉仮名・音仮名が草書へと進行して、今のような仮名が誕生した（「い」など）。だから、仮名は突然発明されたも

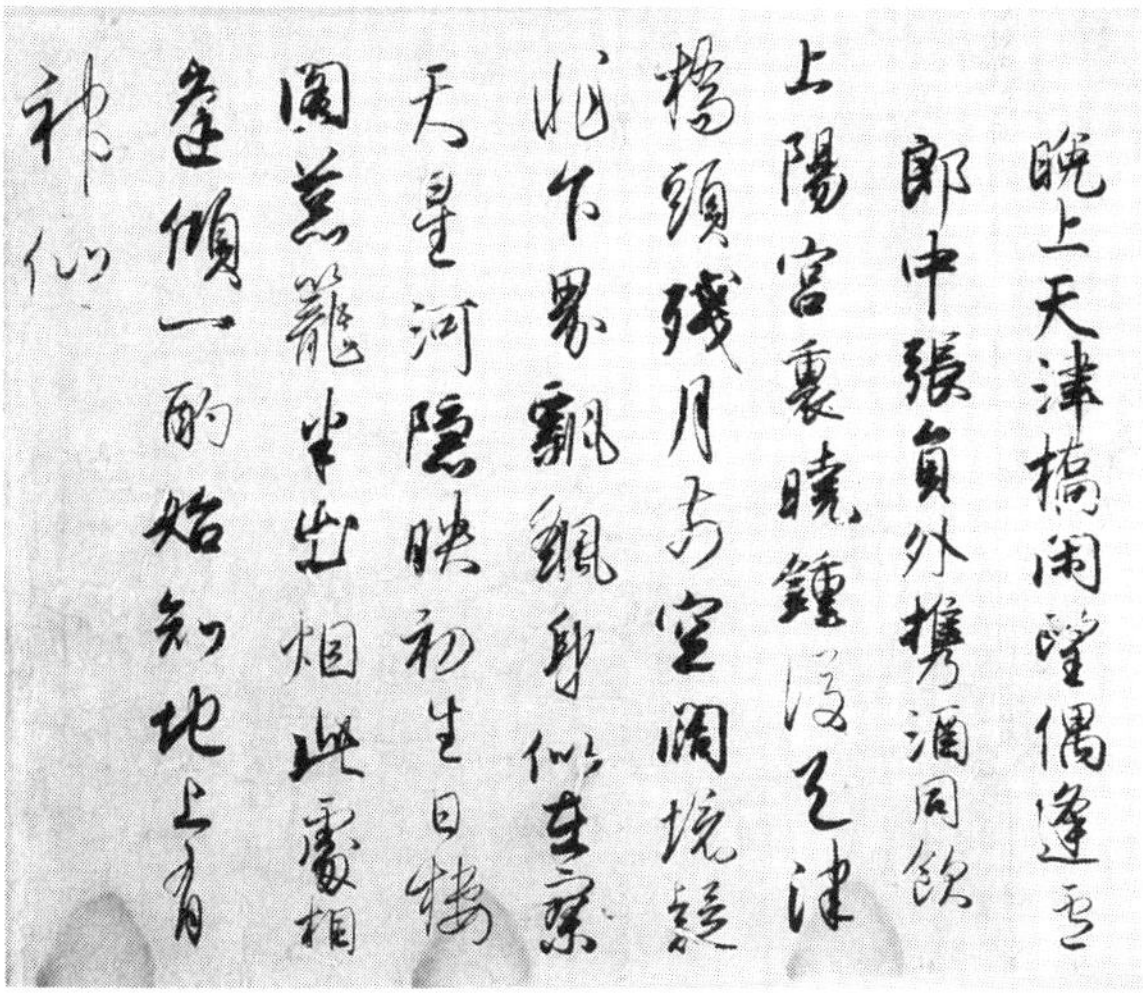

●──藤原行成「白氏詩巻」

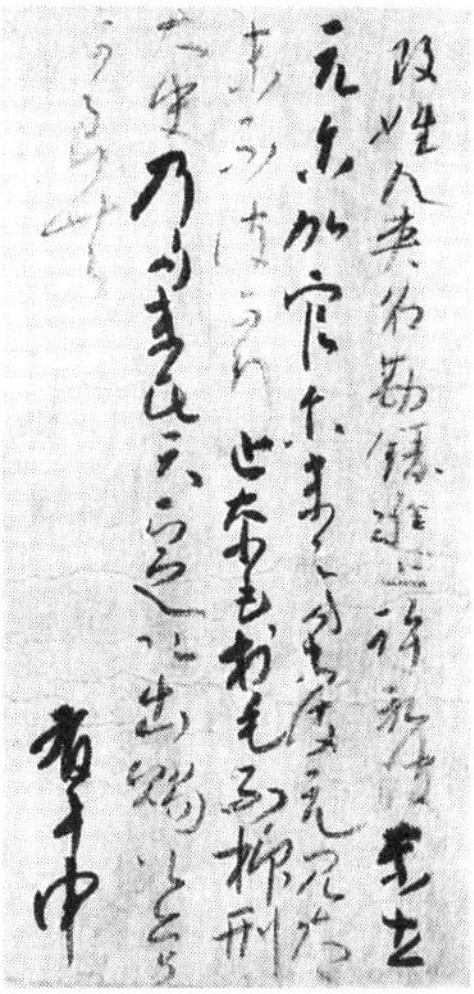

●──草仮名「藤原有年申文」

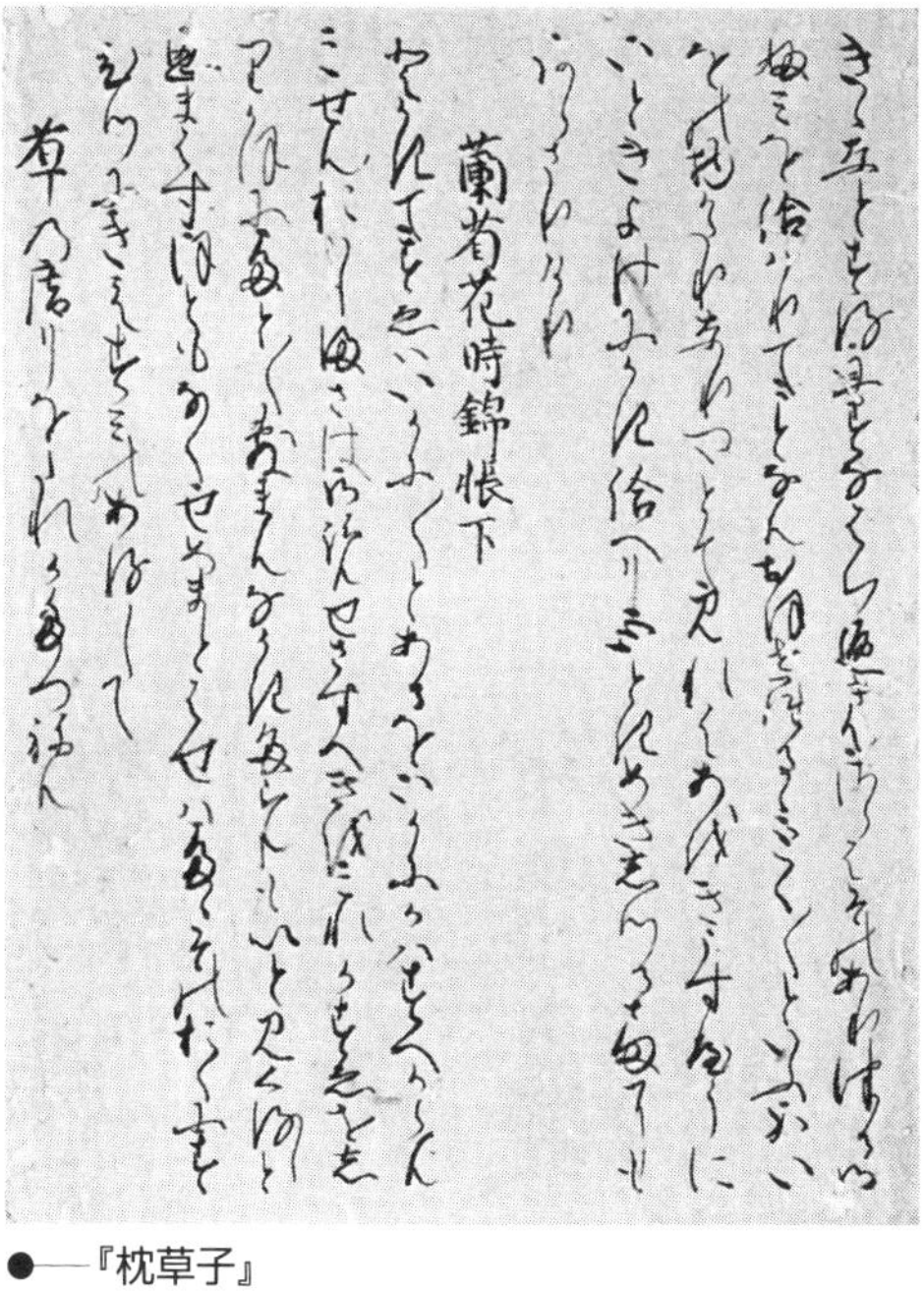

●──『枕草子』

のではなく、真書から草書へと変容していく歴史的運動の産物なのである。したがって、それは静態的で固定的なものではなく、生きて動いていたことになる。

しかし、草仮名ついで平仮名は、はたして真書から自然発生的に漸次生まれていったものなのであろうか。どうも、そのようには思えないのである。そもそも、王羲之の書法や「千字文」などの学習を通じて、真書と草書の対比が鮮明な形で培《つちか》われていった。そして、漢文調の文字を真書ついで草書で巧みに書きわける趣向が好評を博するなかで、真書の万葉仮名(文)も草書であらわすことを意識し、かつその正当性ないし正統性を誇ることがあったのではないかと考えられる。

だから、著しく草書化した平仮名とその文は、当初、けっして技能的に易しく劣ったものとはみられていなかった。『堤中納言物語《つつみちゅうなごんものがたり》』▲でよく知られている「虫めづる姫君」は、まだ「かな」がよく書けないので、「片かんな」で手紙(和歌)をしたためたとされている。ここでいう「片かんな」は「片仮名」のことであり、漢文訓読の必要性から、漢字の字画を省略するなどして記号化したものであっ

▼堤中納言物語　一〇編と断章からなる。十一世紀半ばに、小式部という女房によって作られた一編を含む。しかし、各編の作者は異なるようで、鎌倉時代にかけて次第に作られ、まとめられていったか。題名の由来は未詳。

た。たとえば、「イ」は「伊」の偏《へん》のみをとり、「エ」は「江」の旁《つくり》のみをとるというふうな省画化なのである。

この姫君にとって、平仮名より片仮名が平易なものであった。つまり、姫君のような女性は、早くからある程度の漢文体になれ親しんでいたことを物語っているとともに、実は、平仮名とその文の書きかたにはかなりの成熟度が求められていたことを示唆していよう。

それもそのはずで、平仮名も草仮名も、本来的な漢文の中に置かれる文字ではないから、漢文体の文字（漢字）の真書や草書のように習うべき規範も書法もなく、あらたにその文字の流れや書きかたを書体として考案しなければならない。同じ草書（化）は草書（化）でも、全体として倣《なら》うべき中国書法はないのであるから、これはやはり相当に難しいはずである。逆に、片仮名は書法を問われることがない。

『源氏物語』梅枝の巻で、源氏が「真名のすすみたるほどに、仮名はしどけなき文字こそまじるめれ」と述べるくだりがある。これを仮りに、漢文調の文字（漢字）こと「真名」が本来の真書から草書ひいては行書へと多様に展開する（できる）巧みさや熟成度をもっているのにくらべて、「仮名」文の書体には変化と意匠が乏しいというふうに解釈できるなら、「仮名」はつねに「真名」の書体のありさまを強く意識しつつ、その書体表現（実現）に腐心と負い目を当初抱いていたことになる。

「仮名がち」に向かって

〝「世の末」ではあるが、「仮名のみ」はさかんになったことよ〟。こう語ったのは、『源氏物語』の作者紫式部である。彼女にとって、真書の「真名（字）」は、「おほやけに仕うまつるべき道々しきこと」、「むべむべしく」「愛敬《あいぎょう》」のないもの、「こはごはしき声」で「ことさら」に読み上げるものであり、「世の末」の代名詞でさえあった。これに対して、「仮名（字）」は、「あはれなる」もので、「心ゆたか」なものであった。

　このような評価は、文字とその文が〝書〟であることと不可分であった。『枕草子』▲の筆者清少納言も、「真名（字）」のありさまに強いこだわりをもっていた。たとえば、頭中将藤原斉信《ただのぶ》が『白氏文集』の中の詩句「蘭省花時錦帳下」を書きつ

▼**枕草子**　三九ページ下左写真参照。

けて、清少納言のもとへ寄こした。次の句を付して返答せよ、というのである。これを受けた彼女は、この漢詩文をよく知っていたが、物知り顔で「たどたどしき真名に書き」て返信してしまうのは、いかにも「いと見ぐるし」と考えた。そこで、「草のいほりをたれかたづねん」と和歌風にして返すことにした。その後、頭中将からは何も言ってこない。清少納言の勝ちであった。

清少納言は、「真名」書きが下手であったわけではない。正規の漢詩文を「真名」で書くこと自体が「たどたどしき」ものとみたのである。ここに、「真名」書きと「仮名」書きの対抗意識があらわれており、それは、表向きの男の政治文化と、女の生活文化との対抗でもあり、あるいは在来型と将来型の文化の差異が予期されていたのかもしれない。

しかし、この対抗は熾烈《しれつ》ではあるが、明瞭ではない。清少納言が和歌風に返したものは、実は、『白氏文集』の当該句「廬山雨夜草庵中」を和歌風に翻訳したのであり、いわんやこの変換は『公任集▲』にも先例があった。

これは一体、どういうことか。和歌や「仮名(字)」文にしても、実は中国の漢文とその文字を借りて再生産したところがあって、むしろ逆に、中国の漢文と

▼**公任集**　藤原公任(九六六〜一〇四一年)の私家集。公任の父は関白頼忠。公任は三十六歌仙の一人。『和漢朗詠集』を撰進し、儀式書『北山抄』をあらわした。

その文字を欠いたところに「仮名(字)」書きも成り立たない局面があったことを知らなければならない。その上、日本でそれをすでに再生産した先例や通例が出来上がると、それ自体が、『和名類聚抄』の言う「本文」「正説」になってしまい、中国の「本文」「正説」を仰ぐスタイルそのものをこれまた再生産することになって、重層的な枠組が生まれてくる。そもそも、「草仮名」の「草」自体、中国漢文の書法に名を負っているではないか。

「男手《おとこで》」と「女手《おんなで》」▲の関係にしても、それぞれ男と女にわかれて、筆運びの鮮明な対立構図がみてとれるわけではない。男が「女手」を用いることもあれば、女が「男手」に傾斜することもあった。

これは、遊戯である。遊戯が成り立つためには、真剣で緊張に満ちた対立構造がなければならない。しかし、それは分裂や解体に向かうのではなく、対立を融合し、あるいは最終的には回避するルール、知恵、狡智《こうち》がはたらいている。それがどのような度合いであり、ありさまであるのかによって、遊戯の形態や本質度も判断される。遊戯は、文化をはかるメルクマール(目印)なのだ。

このからまりを端的に言いあらわしたのが、「仮名がち」▲という言葉である。

▼**「男手」と「女手」**　ふつう、「男手」は男の筆跡、男が書いた文字、「女手」は女の筆跡、女が書いた文字とされてきた。しかし、早くは『宇津保物語』に出てくるこれらの概念は、なお確定的ではない。「女手」を女性の姿態のような連綿と柔らかく書かれた筆跡と解するむきもある。

▼**仮名がち**　『源氏物語』竹河の巻に登場する。「仮名がちに書きて」とあり、「がち」とは〃……に傾斜する〃〃……しやすい〃という意の接尾語。

これは紫式部の使った言葉であるが、要は「仮名」を比較的多く用いて書くということであった。逆に彼女は、「真名」を「女文《おんなぶみ》になかば過ぎて書」くという言いまわしもしている。すなわち、「仮名（字）」を多く使って書くのがよい「女文」にもかかわらず、半分以上も「真名（字）」を物知り顔で用いているありさまを揶揄《やゆ》したのであった。今度は、〝真名がち〟とでも言えようか。

かくて、「仮名がち」と〝真名がち〟とは、裏返しの関係で同居していた。どちらに傾斜するかは、それぞれの社会的環境と「名（字）」の使用度合いによって決まるのであるが、思うに、今の私たちが言う仮名のみを使った「仮名（字）」文は、実際のところ多くはない。『古今和歌集』の「仮名序」にしても、すべて「仮名（字）」書きと言うわけではないのである。「真名（字）」を一部交えた「仮名がち」であった。

ふつう「仮名書《かながき》」とか「仮名書状《かなしょじょう》」といわれるものをよく見ると、片仮名に一部「真名（字）」を加えて、やや漢文風に書いてみたり、音仮名・万葉仮名にわずかに平仮名を交えてみたりと、存外に多様である。ここにも、「仮名がち」の幅があった。

このような「仮名がち」と、裏返しの〝真名がち〟との関係は、一つの文章の中にとどまることなく、一通の文書の中でも、また複数の文書のもとでもみられる。一通の文書の場合は、さきの饗宴招待状での真書（真名）と草書（仮名）との書きわけに顕著であるが、この手法は、やがて廻文の行書へとすすむことによって一つにまとめられ、「仮名がち」とも〝真名がち〟ともつかぬ編集合体の道を歩む。

また、処分状などでは、一通の中で「真名（字）」書きと、これを翻訳したような「かな文」が共存したり、あるいは別途にわかれて存在したりと、そのありさまは多様であった。なかでも、年月日や条里坪付《じょうりつぼつけ》の地名などは「真名（字）」をもってし、処分（譲ること）の趣意は「かな文」をもって対応するというふうな組み合わせがみられる。さらに、「仮名御教書《みぎょうしょ》」と言われるような鳥羽《とば》上皇（一一〇三〜五六）の院宣《いんぜん》もあり、これは「真名」の御教書が多く存在することを前提にした呼称であった。

これほどに、「真名（字）」と「仮名（字）」の関係は融合し、対立を回避している。これを巧みな文化とみるか、曖昧模糊《あいまいもこ》としたもたれ合いの文化とみるかは意見のわかれるところではあろう。しかし、いずれにせよ、このような複雑な関係は、まえにみた『和名類聚抄』の言う「本文」「正説」と、「仮字」と、そして「和名」との重層的な関係に、そしてまた行書の成り立ちに象徴的にあらわれている。つまりは、ゆるやかな「仮名がち」と〃真名がち〃の、また真書と草書の交錯なのであり、この現実が、私たちの過去の歴史と文化をすこぶる見えにくいものにしていると言いたい。

③――『御成敗式目』から『学問のすゝめ』へ

二つの「漢字」系譜

これまで、現在につながると思われる「漢字」の成り立ちと系譜をさぐってきた。その系譜は、いずれも平安時代に直接的な根幹が育まれ、およそ二つに大別される。一つは、「梵字」に対比されることではじめて自覚された「漢字」の成り立ち。いま一つは、「真名(字)」と「仮名(字)」の関係のもとで成り立つ、交錯する「漢字」概念。いずれも「漢字」の受容というよりも、「漢字」の成り立ち、あるいは「漢字」文化の成り立ちと言った方が適切である。

この二つの成り立ちと系譜は、いずれも平安仏教の展開を共通の基盤とするが、相互に交わることなく立ちあらわれた。このうち、前者は異域文明に接することで生み落とされ、明確に「漢字」であることをうたった。後者は日本列島内で自己完結的に編み出された関係にあって、それだけに見極めにくい「漢字」世界がひろがっている。その世界は、全体の関係そのものの中に網の目のように隠されており、「真名(字)」がただちに「漢字」とは必ずしも言えない。

このような二つの「漢字」系譜は、それぞれの特性を引きずりながら、また交叉させながら、近代に至ったとみることができる。そこで、この〃まなざし〃を踏まえて、これから、平安時代以後への方向性をさぐることにより、最後に、平安時代以前の古典文字・非文字世界に今の私たちがどのように立ち向かったらよいのかをめざしていきたい。

『御成敗式目』と「律令格式」

鎌倉幕府の基本法典である『御成敗式目《ごせいばいしきもく》』▲が、一二三二（貞永元）年に制定された。世に言う『貞永《じょうえい》式目』である。この制定施行にあたり、編纂者の執権《しっけん》北条泰時《やすとき》▲は、弟の六波羅探題《ろくはらたんだい》重時に書状を送って、委細を説明した。この書状は、二つの「漢字」系譜を交叉させたものとして、大いに注目されなければならない。

この書状には、「まな」も「かな」も、そして「漢字」も、はては「文盲」も登場する。そして、書状自体は「仮名がち」文である。

「漢字」系譜の交叉は、ここにおいて、「律令格式《りつりょうきゃくしき》」▲そのもの、ないしはそれと「式目」との対比のもとで展開された。まず、「律令格式」は「まなをしりて候

▼**御成敗式目**　制定年号にもとづき「貞永式目」ともいう。五一カ条。鎌倉・室町幕府の基本法であり、幕府の裁判の規範とされた。

▼**北条泰時**　一一八三～一二四二年。義時の子。承久の乱後、京都で六波羅探題をおこし、鎌倉に戻って執権となる。評定衆を設置するなど、幕府の執権政治の基礎を築いた。

▼**律令格式**　七世紀後半以降、実際的には主として八世紀初めから、中国（主として唐）の制にならって制定された古代成文法の総称。律は刑罰についての規定。令は行政や教化を遂行させる規定。格は律令の修正・補足規定。式は律令や格の施行細則。大宝律令、養老律令、弘仁・貞観・延喜の三代格式が著名。

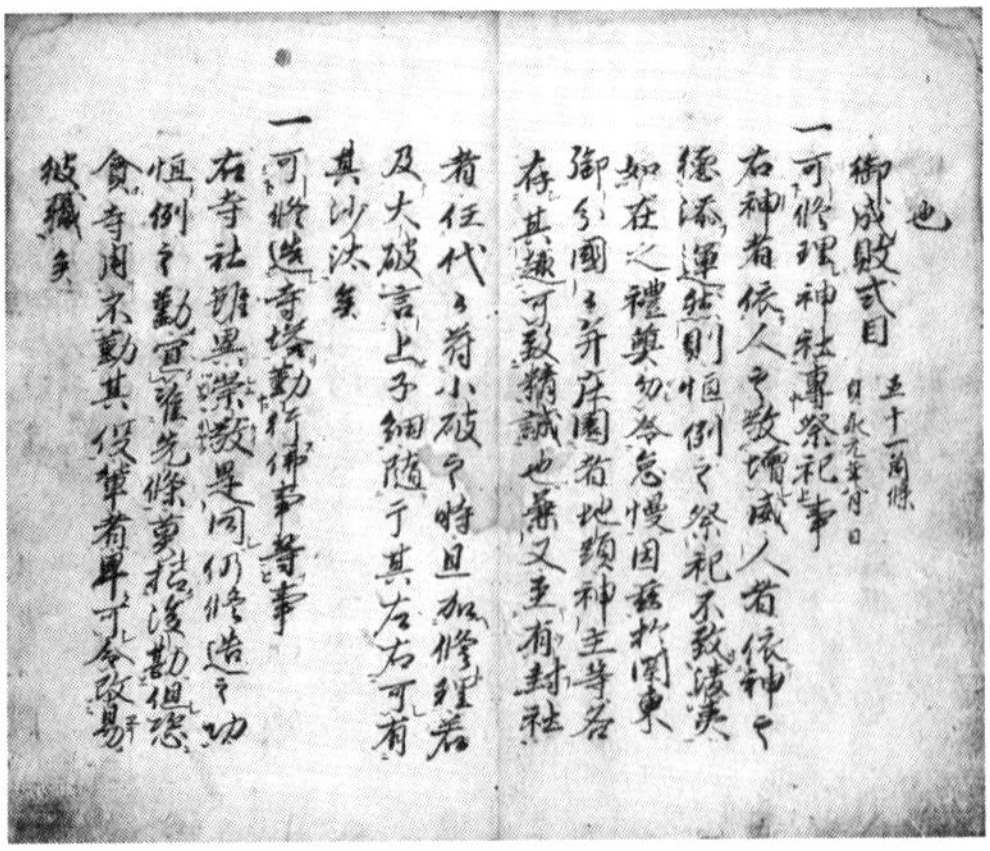
也

御成敗式目　五十一箇條　貞永元年八月日

一　可修理神社專祭祀事

右神者依人之敬増威、人者依神之添運、然則恒例之祭祀不致陵夷、如在之禮奠勿令怠慢、因茲於關東御分國々并庄園者、地頭神主等各存其趣、可致精誠也、兼又至有封社者、任代々符、小破之時且加修理、若及大破言上子細、隨于其左右可有其沙汰矣

一　可修造寺塔勤行佛事等事

右寺社雖異、崇敬是同、仍修造之功、恒例之勤宜准先條、莫招後勘、但恣貪寺用不勤其役輩者、早可令改易彼職矣

●『御成敗式目』

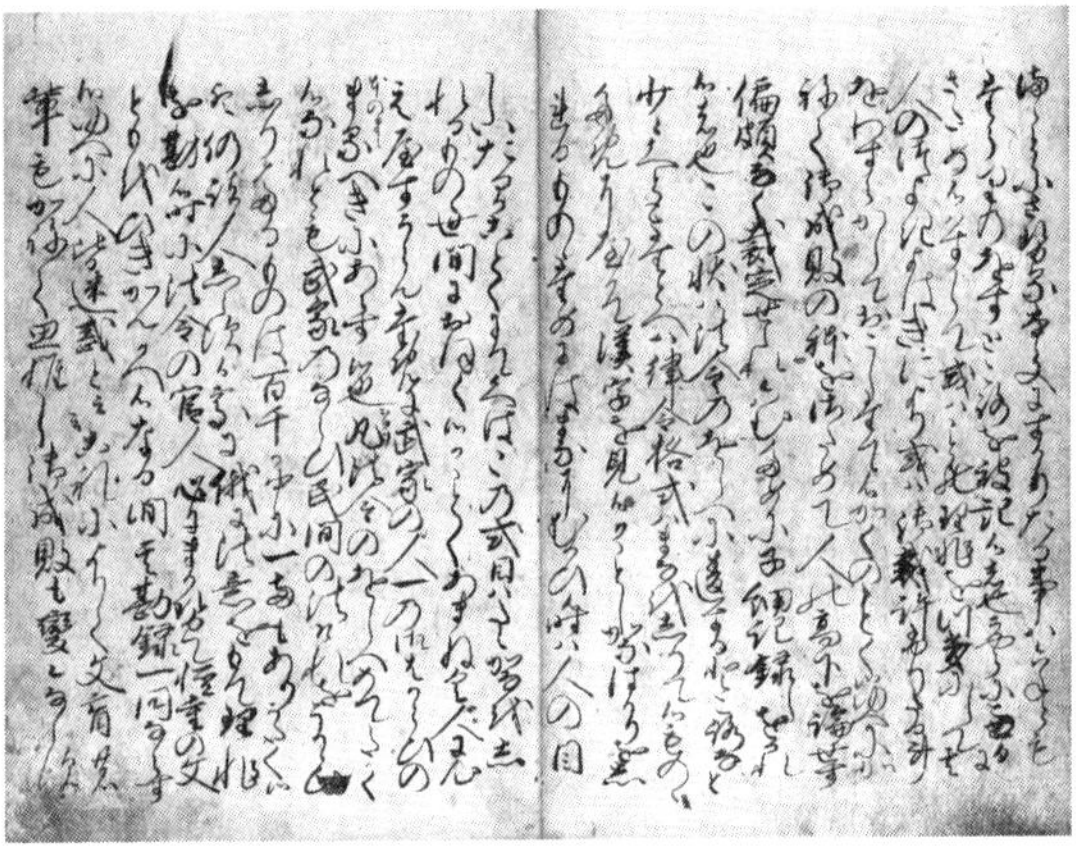

●北条泰時書状　貞永元年九月十一日

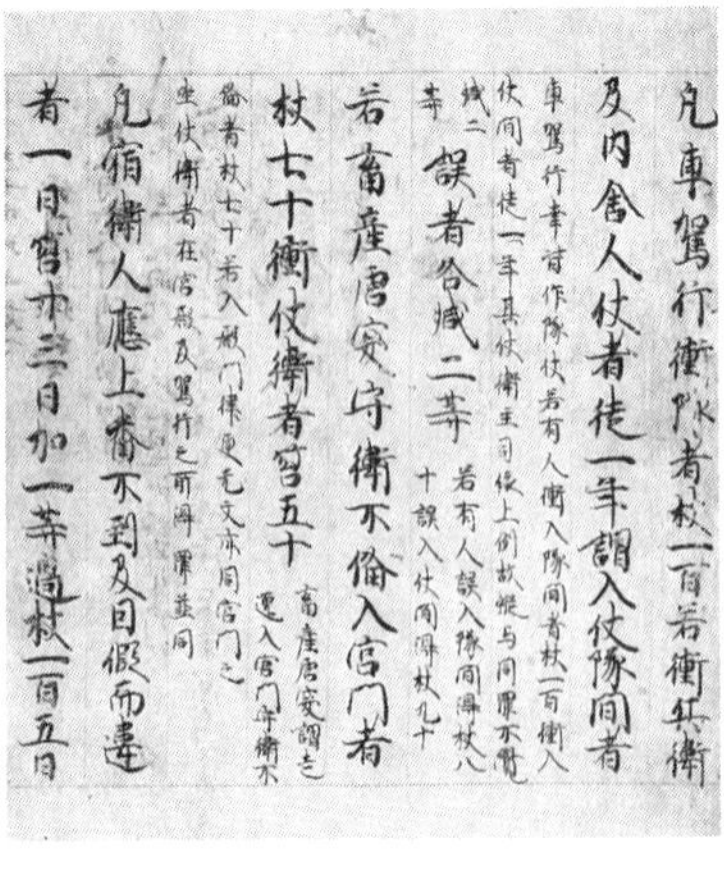

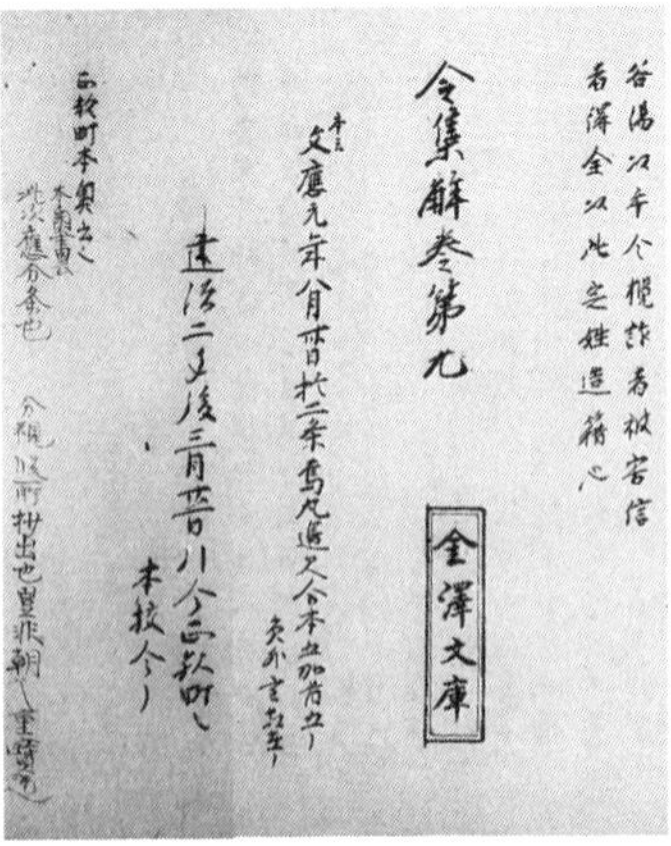

●「律令」　「律」(右)と「令」の注釈書(左)

物のために、やがて漢字を見候がごとし」という。この文意は難解をもって知られているが、「まな」(真名・真字)を(少しでも)知っている者にとっては、そのまま「漢字」を目に入れているようなものが「律令格式」の文である、というふうにひとまず解しておきたい。

一方で、「律令格式」については、「かなばかりをしれる物のためには、まなにむかひ候時は人の目をしいたるがごとくにて候」とも説明している。これは、さきの説明の裏返しとみられるが、「かな」(仮名・仮字)のみを知っている者にとっては、「まな」(真名・真字)は何とも目が受けつけないものであり、そのような「律令格式」の現状が大半となっている、ということであろう。

ここに、十三世紀前半における「律令格式」の二面性が披露された。一つは、「まな」を知る者にとってのそれ。いま一つは、「かな」のみを知る者にとってのそれ。前者は、「京都の御沙汰《ごさた》」や「律令のおきて」を遂行しようとする「京都の人々」、とりわけ「法令の官人」らとその周辺の人々における「律令格式」をいう。後者は、「武家のならひ」や「民間の法」を実践している「世間」、ひいては「文盲の輩《やから》」における「律令格式」をさしている。

ここでは、後者の事態に至った「律令格式」のさまが圧倒的となり、逆に、前者のような「律令格式」の結末を迎えるに至った、と述べていく。そこで、前者のような「律令格式」そのものは局部的に温存しつつも、「かな」のみを知っている人が過半である「世間」のために、「心えやす」くするために、この「式目」を作成したというのである。

ところが、その「式目」は、私たちが言うところの仮名で書かれたのではなく、私たちにとっては漢字で漢文風につづられている。では一体、漢文調の「律令格式」とどこが違うというのか。

まず、この「式目」本文と、泰時の書状が一組であるとするなら、これまでみてきたスタイルにならって、漢文風の「まな」書き本文と、「かな」多用の書状・添え書きとの合体編集ということになって、全体としては「仮名がち」（裏を返せば〝真名がち〟）の法令として出されたものと言えそうである。しかし、さらに、「式目」本文そのものが、本当に漢字を使った漢文そのものなのかとなると、そうではないと泰時は考えていた。彼は、「式目」本文をも「かな」とみなし、「文盲」にも理解可能な道をひらくものとしている。逆に言えば、「まな」でないのはもちろん、「漢字」でもないと主張したのである。

泰時にとって、「まな」と「かな」の区別、そして「漢字」か否かということは、今の私たちがすぐ思うところの漢字形の文字（漢字）であるか、そうでない（仮名）かの区分とは無縁であった。むしろ、あるいはやはり、『和名類聚抄』が説いた「本文」「正説」と「仮字」「仮借」の区別に負っているとみなければならない。すなわち、中国の漢字と漢文体の枠組にそのままあてはまらず、それへの復原もできない「仮字」の文化価値を「かな」といい、これを「文盲」に近いものと言ったのであり、それがまた「式目」にほかならなかった。もしかしたら、それは真書の規範にほど遠い書体で書かれていた可能性もある。

これに対して、「律令格式」は「本文」「正説」に負うところがあって、中国の漢字と漢文に復原可能な文字と文体であったことになる。そして、このような「律令格式」に、少しでも「まな」、つまり「かな」でない文字と文体を知る者が触れたなら、次のような事態にあいなるとみる。それは、現実大半の「ならひ」「法」「心」とはおよそ交わらない、つまり中国ひいては異域の文字世界こと「漢字」をただ目で追って、あれこれと解釈してみるにすぎない、というわけである。「法令の官人」が「心」にまかせて判読解釈して、「勘録《かんろく》」(判例・裁決)が一定せず、まことに「人、皆迷惑」していると泰時が言うのは、このようなことをさしていたと思われる。

かくして、「式目」に添えられた泰時の書状には、多くの重大なことが含まれていた。一つは、日本列島内で長きにわたって醸成されてきた「まな」と「かな」の、境界が見えにくいにもかかわらず、熾烈な緊張関係がみてとれる漢字文化。いま一つは、日本列島外ないしは異域との接触によって生み出され、特化された漢字文化。そして、ここに、これまでそれぞれ別途に立ち上がってきた二系統の文化である、「漢字」認識と、「かな」によって成り立つことができた「まな」認識とが、大きく歩みよりはじめたのでもあった。この歩みよりは同時に、「まな」と「かな」の関係そのものを揺さぶることになろう。

「漢字」に近付いた「まな」は、上下に目を動かして返点《かえりてん》を静かに施され、あるいは訓読されるものとして自立化の道をすすみ、衒学《げんがく》的な遊戯性と特殊技能と努力を加味した、視覚的で抽象的な思考に大きく貢献するであろう。一方、「まな」と次第に切り離されていく「かな」は、平仮名への自立化をすすめ、日常性の淵の中で口話コミュニケーションを広げていくにちがいない。『日葡辞書』が説明してくれた世界である。

ただ、「式目」と、「京都」に囲い込みながら温存させようとした「律令格式」との相互保障をめざした泰時らには、なお、「仮名がち」と〝真名がち〟の関係図式から大きくはみ出すつもりはなかったであろう。

笑話になった「式目」

『御成敗式目』については、その後、興味深い笑話が生まれた。それは、第一条の「可修理神社、専祭祀事」(神社を修理し、祭祀を専らにすべき事)に関することであった。その内容は、「若衆ぐるひ」(男色道楽)をする亭主と、それに腹を立てた妻のかけ合いであり、亭主が〝「式目」にも「神社をしりし」というではないか〟とその正当性を主張すると、今度は妻が〝「式条」を持ち出すなら、むしろ「さいしをもっぱらにすべし」というではないか〟と反撃する。

これは、安楽庵策伝《あんらくあんさくでん》▲が一六二三(元和九)年にまとめた『醒睡笑《せいすいしょう》▲』の中で語られている。必ずしも作り話とは言えまい。要は、「神社を修理し」を〝神社(仁者な

▼安楽庵策伝　一五五四〜一六四二年。諱は日快。美濃国の浄音寺で出家し、京都の禅林寺で修行。その後、山陽地方で布教し、晩年は京都の誓願寺法主となる。引退後、居住の庵号を安楽庵と称し、茶道の流祖にもなった。狂歌もよくした。咄《はなし》の名人ともいう。

▼醒睡笑　書承と口承によってまとめられた笑話集。一六二八(寛永五)年、京都所司代の板倉重宗に献上された。原本は失われたが、ここからの転写本、抄出本が版行されて、広く読まれた。しかし、元禄(一六八八〜一七〇四年)ごろからは余り読まれなくなり、一方で、個々の笑話がアレンジされて落語などに取り込まれた。

●—安楽庵策伝

どのジンシャを若衆としたか）を尻し（男が男を追っかける）〟と解し、「祭祀を専らにすべき」を〝妻子をもっぱらにすべし〟と解したことによって生まれた滑稽譚《こっけいたん》なのである。

ここに登場する夫婦は、「式目」を目で追いながら読んだことなどないし、そのようなことのできない「文盲」である。誰かが「式目」を読み上げたり、口で伝えたりするのを耳で聞き及んで、自分たちそれぞれの言葉（口語）にあてはめて了解したのであった。

もとより、このような夫婦が、日頃、「式目」を手にして読む必要などないはずであるから、これをもって彼らが文字（いわば漢字や仮名）をまったく知らなかったとは言えない。ただ少なくとも、「神社を修理」するとか、「祭祀を専らに」するというような、「まな」と「かな」の結びつきかたを見知っていなかった、見慣れていなかったことは確かであろう。「神社」という文字（まな）や、「を」などの文字（かな）をたとえ知っていたとしても、そのこととは別の問題なのである。

とにかく「かな」をもって「世間」に応えようとした「式目」の、予期せぬ顚末であった。その意味では、かつての「律令格式」と同じ運命をたどったと言えるかもしれないが、「世間」の「ならひ」と没交渉に近い「漢字」の異域世界に、もっぱら目を頼って、目で文字を追いながら迷いこむようなことはなかった。「かな」を標榜した「式目」を、むしろ皮肉な形で貫徹したと言えよう。

したがって、「修理」や「祭祀」という「まな」を「漢字」として「尻」や「妻子」に転換させ、解釈したとみるのは正しくない。音声言語として、いわば仮名に転化しうる馴染《なじ》み深い「しり」(尻の意)や「さいし」(妻子の意)が、「式目」の「かな」文体をかりて、あらたな「世間」の「ならひ」を口話化したのである。しかし、それが可能であったのは、「式目」自体がやはり、中国の漢字や漢文体への復原可能性を追求するようなものではなかったからであり、あくまで当時の「世間」の「ならひ」をあらわす文体、つまり本質的には、「かな」もしくは「仮名がち」文体であったからである。

むしろ、この笑話によって、「式目」が「律令格式」とは異なる本源性をもつものであることを証することになった。「律令格式」は、このような笑話を知らないのである。

『醒睡笑』の世界

『醒睡笑』には、数多くの「文盲」の類が登場する。彼らは、「いろはをもよまぬ者」、「いろはをさへ習はぬ者」、はては「一円《いちえん》不文字《ふもんじ》なる侍」などと呼ばれた。「一円不文字」とは、まったく文字を知らないことをいうが、識字というレベルで言うと、案外に多様なところがある。「ちくと文字のある客」（少しは文字を知っている客）、「物は書かねど利口な者」、「ちと仮名をもよむ人」（少しは仮名を読める人）などと幅があるのである。

「文盲」という場合、したがって、ある程度の度合いをもって考えておいた方がよい。識字率何パーセントとは単純にいかないのである。今、『醒睡笑』の類話に注目してみると、「七日《なぬか》」「南無」「野々」「妙法」「信濃《しなの》」「舎衛国《しゃえいこく》」「大蔵《おおくら》」「武蔵《むさし》」「朔日《ついたち》」「二日《ふつか》」「春日《かすが》」「長刀《なぎなた》」などの文字を、理解ではなく、ただ知っている者たちがいる。彼らは、多くの文字を知っているわけではなく、自分の「世間」の中で、たまたま接することの多い文字を限定的に知っているだけであった。

これらの文字は「まな」（真名・真字）であり、いわば漢字であった。たとえば、「～日」は、「仮名がち」文にも古くから頻用《ひんよう》されている。ところが、さきのように「日」は「ぬか」とも「たち」とも「つか」とも音声化されており、「ぬか」の「日」は「糠《ぬか》」の意として用いられ、「たち」の「日」と「つか」の「日」は、二文字つづけて「太刀《たち》の柄《つか》」の意に転用されたりする。

また、「春長《はるなが》」と書く小姓を「かすなぎ」と呼ぶ者がいた。それは、「春日」の「春」を「かす」といい、「長刀」の「長」を「なぎ」と言いまわしている慣例にならった、笑えぬ笑話である。さらに、「地蔵講」という文字を前にして、「大蔵」という人は「地くら講」と読み、「武蔵」という人は「地さし講」と読む。

あるいは、また、「信国《のぶくに》」という脇指の銘を「しなけき」と読む浄土宗の僧がいた。それは、「信濃」の「信」を「しな」と言い、「舎衛国」の「国」を「けき」(「こく」のなまり)と言う通例に従ったからである。

これらの人々は、音訓をともなう「漢字」もその字義も何も知らない。もっぱら、口話(『醒睡笑』は「口真似」という)と身近な「まな」との知りうる唯一の結びつきの記憶にたよって、文字と音との自在な応用を積極的に展開していた。概して彼らは「物は書かねど利口な者」であって、はては、「てんびん」(天秤)をどう書くかと問われて、「継母《ままはは》」と書くのだと主張する者さえいた。この人は、「唐」

の「本の文字」がどのようなものであれ、食べても食べなくても子供をたたく、つまり、どちらに傾いても同じような対応をとる「ままはは」のようなものだから、と答えたのであった。彼にとって「天秤」と「継母」の文字の区別や、それぞれの字義などはどうでもよいのであって、口話の中の「てんびん」や「ままはは」の意味合いにもとづいて物知り顔で文字(漢字)を任意に想定したり、生み出すのであった。

このような笑えぬ笑話は、したがって、「文盲」の「口真似」を多分に素材としていた。なかでも、人々の対話に聞き耳をたてて記憶した言葉や文脈・文体を、みずから倣《なら》って使ってみる気負いと勇気と、そしてぞんざいさが目立つ。主君や自分の名字《みょうじ》(名《な》や苗字《みょうじ》)にしても、「口真似」の記憶にすぎない。たとえば、自分の主人の名が「四郎次郎」「次兵衛」「修理大夫」と三度かわったことを説明して、いずれも腰から下のことであるという。なぜなら、「じ」(痔の意)や「しり」(尻の意)が名(「次《じ》」「修理《しゅり》」)となっているからだという。

また、「磯貝」の名字を与えられた侍も、人から聞かれて「いそがい」と答えることはできるが、どの「いそ」で、どの「がい」なのかはまったく知らない。せいぜい、「いそ」は「磯辺の磯」かと聞かれてうなずく程度であり、「がい」については好きなように書いてくれ、というわけなのだ。しかし、この「いそがい」なる侍も、まったく言葉に無頓着であったわけではなかった。「しりがひ」(「しりがき」という馬具の音便)の「がひ」でよいかとただしたら、せめて「むながい」(「むながき」という馬具の音便)の「がい」にしてくれと応じている。

さらに、「服部《はっとり》」と呼ばれる侍も、自分の名字が書けなかった。人から、「ふくべ」と書くのだと教えられると、「ひょうたん」のことと了解して、以後、「へうたん」と書くようになったという。これこそ、「世の中に、書くべきものはかかずして、事をかくなり、恥をかくなり」との落ちがついてくる。

彼らはやはり、「漢字」というもの(字義・音訓)を知らない。知っているのは、日常会話での慣用語と文体であり、身近に関心をそそる口話である。しかし、そこにも語感に付帯する価値の差異はあり、いわゆる仮名を書くこともできないではなかった。しかし、そのような仮名と「漢字」の対応関係などは知るよしもなく、「まな」と「かな」の分断された、しかし自在な往来がみられるだけであった。

「西洋」に接した新井白石

異域との接触によって自覚された「漢字」の系譜が、おそらくその立ち上げ期以来、再び鮮明な形で表明化したのは、新井白石《あらいはくせき》においてであったろう。イタリア人宣教師シドッチを訊問《じんもん》した白石は、「番字《ばんじ》」（ヨーロッパのローマ字）に触れて「漢字」のことを考えた。字書体（楷書・草書）の比較、字数（字母）の格差などである。

これらの知見は、『西洋紀聞《せいようきぶん》』や『東雅《とうが》』などに残されているが、まずもって、「漢字」を絶対視する、いわば反ないし非「文盲」文化に警鐘を鳴らし、「漢字」を相対化する〝まなざし〟を正面から打ち出した。たとえば、「番語《ばんご》」（ヨーロッパの語）の「デウス」や「エイズス」を「天主」や「耶蘇《やそ》」と書くのは、「漢字」を借りてその声音を写し、翻したものにすぎない。したがって、その意味は「漢字」にあるわけではないので、「天主」や「耶蘇」の字義からあれこれ考証してみてもはじまらないと言うのである。

このようなことは、「番語」と「漢字」の関係にとどまるものではない。たとえば、「漢字」こと「彼字」が、いわば日本こと「本朝」ないし「此間《このかん》」の事物を記した

▼新井白石　一六五七〜一七二五年。名は君美《きんみ》。江戸生まれ。木下順庵に師事し、徳川幕府の六代・七代将軍家宣・家継を補佐する。その政治を〝正徳の治〟という。言語、歴史、地理などに広く豊かな関心をもち、著作も多い。自伝に『折たく柴の記』がある。

▼西洋紀聞　三巻。鎖国の禁制を破って屋久島に到来した人物シドッチを訊問したこと、書名に「西洋」を早期に冠したことにおいて、画期的な書物である。最終的には、最晩年に白石自身の筆でまとめられた。

▼東雅　首巻を含めて合計二一巻。「東雅」とは「日東爾雅《にっとうじが》」のことで、日本の『爾雅』を目ざしたことを一応示す。一七一九（享保四）年の脱稿（白石六三歳の自筆）。

●—新井白石

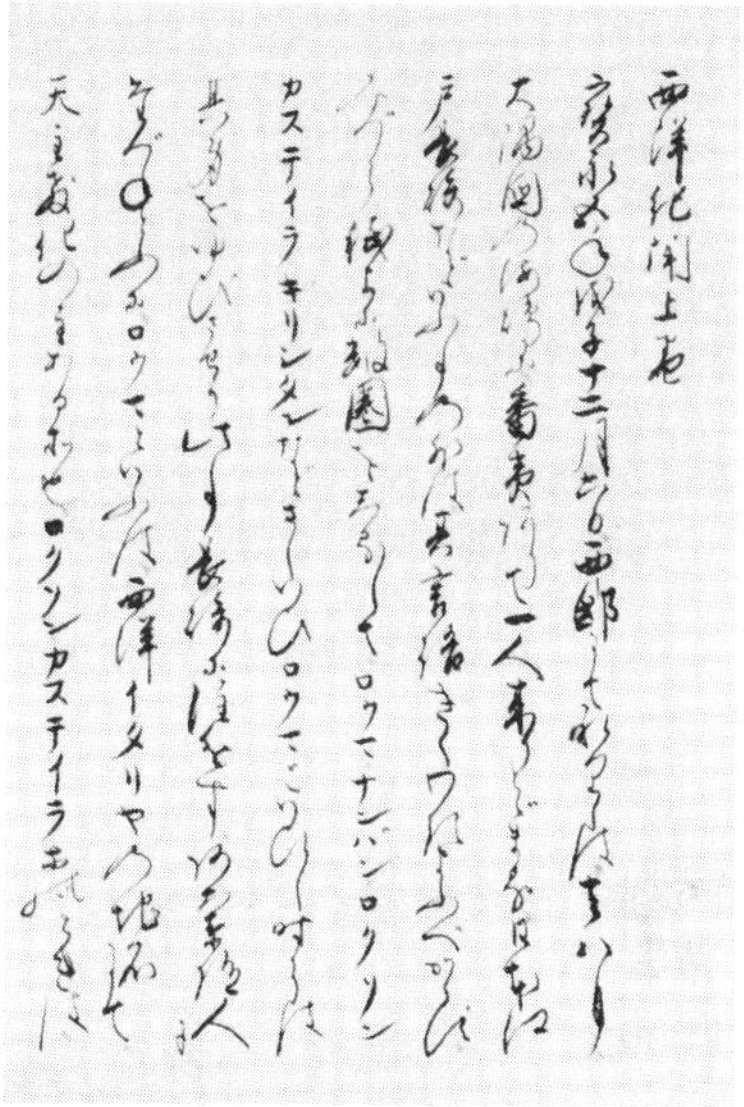

●—『西洋紀聞』(自筆)

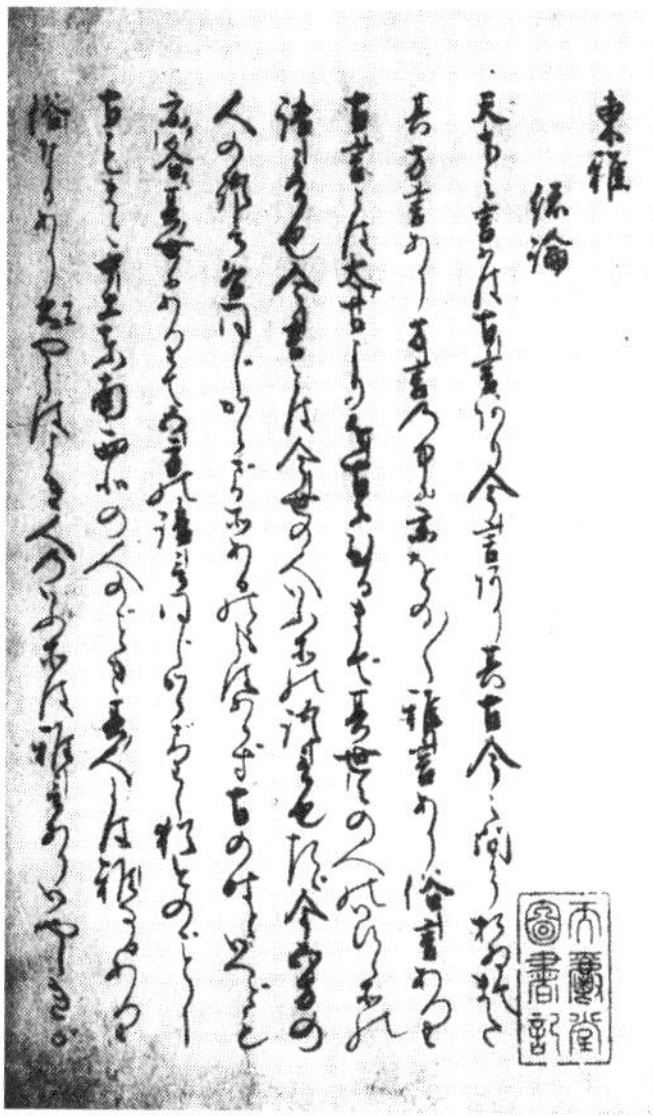

●—『東雅』(自筆)

▼貝原益軒　一六三〇～一七一四年。筑前福岡藩出身で、京都遊学後も同藩に仕える。初の本格的な本草書『大和本草』をあらわし、地誌や一般的な教訓書なども数多い。

としても、「漢字」では「梶」が「樹杪《じゅしょう》」(こずえ)の字義をもつのに、「此間」では「船柁《かじ》」をさしており、いずれかの是非を問うようなものではない。もちろん、「漢字」の字義から何かと詮索すべき筋合いのものでもない、とみる。また、「漢字の音」が転じて「和訓」になったというような説も正しくはないのだ、と主張する。

そこで白石は、ヨーロッパの音韻学と音韻の豊かさに啓発されて、莫大な数の文字をひたすらたっとぶ中国に対し、「我東方」(いわば日本)の豊かな「言詞」に注目していく。ここに、いささかつかみどころのない「和語」の発見があった。「海外の言」の一つである「漢字」の隆盛に目を奪われることなく、また、「和語」の「主」と、「漢字」の「客」との主客顚倒をおこすべきではないと言うのである。

しかし、白石は、貝原益軒《かいばらえきけん》▲流の短絡的な「和語」さがしに与《くみ》しない。なぜなら、言語には古今の歴史性や、地域差、階層差があり、中国の言語文字、朝鮮の言語、仏書で伝わる梵語、そして禅語、はては「番語」などの東西古今にわたるものが「和語」を成り立たせていると考えていた。たとえば、「海」は古くから「アマ」というが、朝鮮の言語によって「ワタ」などともいい(「綿」表記など)、また、

「水」を「アカ」などと言うのは梵語にもとづくものとみる。
これらの識見を盛り込んで、白石は『東雅』という百科事典をまとめた。編纂にあたって、彼は『爾雅《じが》』▲を建て前上は考慮しつつも、実際には『和名類聚抄』をつよく意識していた。そして、この『和名類聚抄』の発想をある意味では逆転させ、「本朝の正史・実記をもて本とし」たのである。つまり、『和名類聚抄』において副次的な価値しか認められていなかった「和」の「仮字」「仮借」の文化を「主」となし、かつて正当・正統な価値とされた「漢」の「本文」「正説」を「客」となしたのであった。ただし、なべて「漢字」の拘束から離れ、あらたに「主」とされたものも偏狭な「和語」に傾斜することなく、また、「客」とされたものも、あくまで「客」のなかの一つ（最有力ではあるが）にすぎないと考えていたことに留意しておきたい。

このような新井白石の発言や思考から逆に知られることは、まずもって、かつて京都に囲い込まれ、温存がはかられた「律令格式」流の「漢字」文化、つまりは反ないし非「文盲」文化が、実際にはなおいかに根強いものであり、またさらに根を張っていったものであるのかということであった。しかし一方で、『醒

▼**爾雅**　紀元前五世紀ごろから同二世紀ごろにかけて中国で作られた最古級の字書。広義の字書のうちでも、文字の意義や用法を説く〝訓詁の書〟の先駆をなす。なお、中国では、字形分類による狭義の〝字書〟（『説文解字』など）、字音分類による〝韻書〟（『声類《せいるい》』など）、そして〝訓詁の書〟の三つに広義の字書を区分することもある。

▼本居宣長　一七三〇〜一八〇一年。伊勢松坂の商家出身。本名は小津弥四郎栄貞《ながさだ》。医に志して京都へ上り、儒学を堀景山に師事。古い姓の本居に復し、名を宣長と改めた。帰郷後、小児科医として生計を立てる。やがて、松坂に宿泊した賀茂真淵と対面し、以後、真淵に入門する。松坂では、鈴屋舎《すずのやしゃ》をひらいて広く学問を教え、鈴屋と号する。『古事記伝』『玉勝間』『玉くしげ』などの数多くの著作がある。

睡笑』のような笑えぬ笑話の世界が広がってもいた。そこへ、ヨーロッパのあらたな言語文字文化がおしよせてきて、幕末・明治期以降の近代へのプロローグを早くも迎えたのである。そして、これまでのながきにわたる二つの「漢字」成り立ちの系譜は、ここにおいて、白石という人物の知と感覚を借りながら、あらためて交叉し合うことになった。しかし、それは逆に、「漢字」というものの相対化を意図し、「和語」のあらたな発掘と、これまでの「真名(字)」と「仮名(字)」の関係再編もしくは解消へと向かうことになったのである。

攻撃する本居宣長

新井白石と入れ替わるようにして生まれた本居宣長《もとおりのりなが》▲は、白石によって相対化された「漢字」をさらに追撃し、同じく白石によって発掘された「和語」を「古語《フルコト》」へとひたすら昇華させた。

ここでは、『漢字三音考《かんじさんおんこう》』▲を中心にみておこう。宣長のいう「漢字」は、旧来の系譜をさらに先鋭化させて、「皇国ノ字」ではない「漢国ノ字」であると断じた。また、その「三音」とは、漢音、呉音、そして近世の唐音を言う。

▼漢字三音考　はじめは『漢音呉音弁』と題して、一七七一（明和八）年ころまでには一応出来上がっていたらしい。『古事記伝』の著述がまだ緒についたばかりのころである。版本刊行は、一七八五（天明五）年にくだる。

この『漢字三音考』は、比類なき攻撃の書である。攻撃の矛先は多くの「世ノ学者」にあり、宣長は彼らを「近世狂儒輩」と呼んだ。宣長によれば、彼らは何事につけ他国の「漢国」のことを是としてたっとび、本国の「皇国」のことを非としておとしめている。たとえば、「漢国」が他国の言語を「侏離鴃舌《しゅりげきぜつ》」（鳥がさえずるような不可解・卑俗な音声）と評するのは勝手としても、「皇国」の方がこの評価をそのまま甘受してよしとする。あるいは、現今の唐音を古来からの正音とみなし、それをわざわざ「華音」とまで呼び、あわせて唐国を「中国中華」と称して崇《あが》めている。また、不適切にもかかわらず、「漢国」流の反切助紐《はんせつじょちゅう》の方法に拘泥《こうでい》して止まない。そして、ついには、唐音を知らなければ学問は達せられないとして、訓読ではなく「漢国」流の直読をおしすすめようとしている。

かくて宣長は、多くの「世ノ学者」の「狂言」「虚妄ノ言」をはげしく攻撃した。しかも、この攻撃対象は「例ノコト」であり、「クセ（癖）」でもあるというから、少なくとも宣長の周辺では圧倒的で日常的なさまであったことになる。漢文直読法を模索した荻生徂徠《おぎゅうそらい》（一六六六〜一七二八年）、太宰春台《だざいしゅんだい》（一六八〇〜一七四七年）、雨森芳洲《あめのもりほうしゅう》（一六六八〜一七五五年）らは、その氷山の一角にすぎない。

いわばこのような近世儒者流の「クセ」に包囲されて、四面楚歌の状況にあった宣長は、どのような切り返し、切り崩しをはかったのであろうか。それは、彼独自の論法によって、「皇国」の言語を礼賛し、この言語の発見と実践を根本的にさまたげてきた「漢字」のさまを暴《あば》き出そうとするものであった。そこには、大胆でかたくなな論理、純一な心性主義、しかし個別事例の積み上げによる緻密な解析などが奇妙な交り合いをみせる。

とにかく宣長は、「皇国」を「万国」の大君が坐《いま》す最上位の国であると宣言し、そのような「皇国」なのだから、その言語音声も当然ながら優《まさ》っている、とする。これは、ア・プリオリに規定された「皇国」観であり、その「皇国」と言語の関係はトートロジー（同義反復）にすぎない。また、「侏離鴃舌」評価にしても、それを「漢国」本位の「私論」であると斥《しりぞ》けておいて、今度は逆に、この評価を他国に向ける「皇国」の場合は「公論」であるというような、すりかえの論理をもつ。いずれも、破綻した論理なのだ。

かくして礼賛された「皇国」の言語は、いささかの曇りもない「清朗単直《せいろうたんちょく》」「純粋正雅」の音であり、五〇の自然音からなる正しく美しい正音全備のものであるという。また、「ユカム」「ユキ」「ユク」「ユケ」などと「活用助辞」が細かく巧みであり、文字どおり「活《はたら》」く「生言」なのだとも説いている。

この裏返しが、「漢国」を筆頭とする「外国」の言語であった。それは、時に鼻に触れたような朦朧《もうろう》と渾濁《ニゴ》れる音、つまりは鳥獣万物の声である「侏離鴃舌」、溷雑《こんざつ》不正の音というわけだ。要は、「死言」とみなされたのである。「漢字」の三音にしても、つねに「皇国」の自然な音にかなう形で採用されつづけてきたのであって、とりわけ中国南方の呉音の系統がなじんだのは、ほかでもない、呉音の地が「皇国」に近く、そして近いということで優れていたからなのだと展開していく。

そこで強調されてくるのが、「仮字《カナ》▲」の役割であった。「皇国」の優れた生きた言語音声を、また「漢字」の音訓の適用のしかたを正確に、適切に表記できる五〇音の活用文字こそ「仮字」であって、「仮字ニ勝《マサ》レル者ナキヲヤ」という結論に至る。

ここに、すでに「真名(字)」と「仮名(字)」の関係は解体した。文字として考えられているのは、いきなりの「漢字」と「仮字」の直接対決であり、向き合いであ

▼**仮字**　本居宣長は、『漢字三音考』と並行して『字音かな遣ひ』をあらわし、のち、これは『字音仮名用格』と題された。漢字一字一字にどのような仮名をあてるべきかを明らかにしようとしている。

った。しかし、宣長は、『石上私淑言《いそのかみささめごと》』▲や『古事記伝《こじきでん》』▲などにおいて、文字自体を仮の物・僕従・末としておとしめ、言《コトバ》を主・本としてたたえた。だから、「仮字」とてせいぜい最優良な文字にすぎない。というよりも、「皇国」ゆえの、もっとも優れた生きた言語を表記するに最適な表記手段として、「仮字」を評価したのであり、逆に、このような「仮字」によって伝えられる「皇国」とその言語文化を正しく認識していない、否むしろ全く顧みない現今の「学問《モノマナビ》の害《サマタゲ》」を痛烈に攻撃したのであった。

これはもはや、批判というようなものではなく、攻撃であり、重装備の反撃であった。そして、「漢字」と「仮字」との対決は、実は、「漢字」と「皇国」の優秀な言語音声との向かい合いであり、この間に、その言語音声記号としての「仮字」機能が自覚されてきたのである。

もはや、新井白石が投げかけた豊かな可能性を深めることはなかった。

文字を知らない人々

かつて民俗学者の宮本常一《みやもとつねいち》▲は、今の大阪府河内長野市あたりの老翁左近《さこん》とい

▼**石上私淑言**　京都遊学から帰郷した本居宣長が一七六三(宝暦十三)年ころに書いたもの。三巻。『排蘆小船《あしわけおぶね》』をさらに深めた歌論であり、〝もののあはれ〟論の白眉。しかし、賀茂真淵との出会いが、この著述を未完に終わらせたようであり、巻一・二の刊行は、宣長の死後の一八一六(文化十三)年。巻三は、一九二七(昭和二)年に初めて公刊された。

▼**古事記伝**　賀茂真淵に出会った本居宣長は、『古事記』研究の道を歩みはじめた。その集大成が『古事記伝』四四巻である。一七六四(明和元)年に着手し、一七九八(寛政十)年に完成。およそ三五年を要した。この間に刊行が始まり、版下執筆を家族らが行なった。長男の春庭はこのために失明。すべての刊行は宣長死後の一八二二(文政五)年に終了し、研究着手から出版完了まで六〇年を要したことになる。

う人からさまざまな聞き取りを行なったことがある。そのなかで、一八六八（明治元）年に発布された「五か条の誓文」にまつわる興味深い話が記録されている。それは、「各《おのおの》その志をとげ、人心をして倦《う》まざらしめん事を要す」とあるのをとりちがえて、方々の「カカヌスミ」（夜ばい）に行くようになったというのである。それはどういうことかと言えば、老翁の住む近所に聖徳太子の廟があった。そこでは年に一度の「太子の一夜ぼぼ」という習俗があり、この日だけは男女の自在な交わりが許されていて、この日に授かった児は大切に育てることになっていた。ところが、かの誓文を聞き取って、各自がいつでも自分の気持ちに従って「夜ばい」をとげ、児を生んでよいとの奨励策と理解したのである。

　また、その左近という老翁は、多くの村人と同じように文字を知らなかった。そのため、一八七三年の地租改正《ちそかいせい》▲でどれほど損をしたかわからない、と語ってくれた。文字でつづられた法律が読めないので、いつのまにか野山《のさん》が官有林にされてしまっていたと言うのである。

　ここに登場するのは、文字を知らない、したがって各種の通達文書が何も読めない、また読むつもりもない明治初年の村人である。はじめの話は、『醒睡

▼**宮本常一**　一九〇七〜八一年。山口県周防大島生まれ。大阪の小学校教師を経て東京へ出る。渋沢敬三主宰のアチック・ミューゼアム（のち日本常民文化研究所）に入り、旅を続けながら独自の民俗学を打ち立てた。出身地は、漁業・農業、そして石工などの出稼ぎの島であり、その生活誌が生涯と研究によく反映している。

▼**地租改正**　明治政府の土地改革。江戸時代以来の農民保有の土地区画決定と地価算定を行なう。地券発行をもって所有権を確認し、地租は地価の三パーセント（のち二・五パーセント）とする。これによって新政府の財政基盤は固まったが、旧来の年貢が軽減されない形の地租に不満をもつ農民らは、反対一揆をおこした。この軽減運動は、長く続いた。

笑』の世界そのままであり、次の話は、文書行政の現実を教えてくれる。しかし、いずれも、文字を記して何かを伝えようとすることと、それをどのように受けとめて対応するかということとは全く別の問題であり、したがって、歴史に残された確かな文字資料を解読すれば、そのまま歴史がわかるなどというものではけっしてないことをよく物語っている。

前島密の漢字廃止論

このような時代、時は一八六六(慶応二)年、前島密《まえじまひそか》は▲、将軍徳川慶喜《よしのぶ》に「漢字御廃止の儀」という建議書を提出したと伝えられる。以後、前島は同様の建議を明治新政府に対しても繰り返し、その全貌は一八九九(明治三十二)年になって、はじめて世に知られるようになった。ただ、その公開がかなり遅いので、当初の建議文が正確なものなのかはやや問題が残る。しかし、少なくとも一八六六年ころから九九年ころにかけての、「漢字」廃止をうたった一つの一貫した意見としてとらえることは許されるであろう。

前島の告白によると、そのモチベーション(動因)は、長崎で得たアメリカ人

▼**前島密**　一八三五〜一九一九年。越後国(現新潟県)に生まれ、明治新政府に出仕。ヨーロッパに赴いたあと、郵便制度の整備につとめ、「切手」「はがき」「郵便」などの語は、彼の採用によると伝えられる。国語調査委員長なども務めた。写真は一九六八年一月発行の通常切手。

宣教師らの経験譚にあり、また、幼い甥の学習状況にあったという。まず、宣教師らは、中国や日本で少年らがただ多くの漢字面を暗記・暗誦する素読《そどく》に全力を注がされ、その中味を知ろうと（教えようと）しない書籍読習方法につよい衝撃をうけたと語ったもようである。そして、日本が中国と同様の方法をとっている限り、「支那字の頑毒」に「感染」したまま、中国のように「萎靡不振《いびふしん》の在様に沈淪《ちんりん》」してしまうのではないかと警告した。なぜ、「国語」「仮名字」を専用しないのか。このままでは「一種の支那魂」に陥ってしまい、やがて「一種の西洋魂を輸入」するようになると、あなたたちが言っている「大和魂」は、これらのもとで「皆無」になるのではないか、と問いかけてきたという。

前島の幼い甥も、漢文の『三字経《さんじきょう》』▲に難儀し、逆に、仮名文の昔噺《むかしばなし》には大変興味を示していた。これを目撃した前島は、宣教師らの警告にやはり納得するところがあった。〝今、全国三〇〇〇万人（一八七三年ころか）のうち、「国字」（仮名字）を知らない者は一〇〇分の一にすぎないが、「漢字」を知る者も実は一〇〇分の一程度にすぎない〟と。

前島は、「国家の大本は国民の教育」にあると考えた。もっとも流布している

▼三字経　中国の童蒙書。宋の王応麟撰（異説もある）。三字をもって一句とし、隔句ごとに韻をふみ、三百数十句からなる。明代に流行し、日本に伝来流布した。『本朝三字経』がある。

仮名こそが、その「国民」の育成と統合に有益であるとみなし、限られた社会でしか知られていない学習困難な、ひいては学習方法自体が正しくない「漢字」の廃止を訴えつづけた。しかし、それは同時に、欧米列強を前にして衰退していく中国と区別されなければならない日本、あるいは、だからこそ「支那魂」に一日も早く別れを告げて「大和魂」を自立させ、さらに「西洋魂」とのあらたな融合を果たしていこうとしたのであった。

ここに、文字と言語が、中国、日本、西洋という鼎立《ていりつ》関係のもとで、国民国家統合の枢要《すうよう》な政治文化の課題となった。そこで、「漢字」こそが、国民国家の統合が果たせない、むしろその解体を加速する文字として、「支那魂」の代名詞として取り上げられた。これに対して、仮名こそが、「国語」をよくあらわす「国字」として、あらたな国民国家の統合にいち早く貢献する、「大和魂」の代名詞にまつりあげられたのである。

福沢諭吉の文明開化

前島より一歳年長の福沢諭吉《ふくざわゆきち》▲も、仮名を多く用い、「漢字」をなるべく使わな

▼**福沢諭吉**　一八三四〜一九〇一年。豊前国中津藩士として大坂に生まれる。長崎へ遊学し、大坂の緒方洪庵の適塾に学び、江戸出府。蘭学ついで英学を講じ、三度にわたって欧米を視察。慶応義塾を創設して育英にあたり、明六社にも参加。『学問のすゝめ』『文明論之概略』など著書多数。

●——福沢諭吉　一八六二(文久二)年オランダにて。

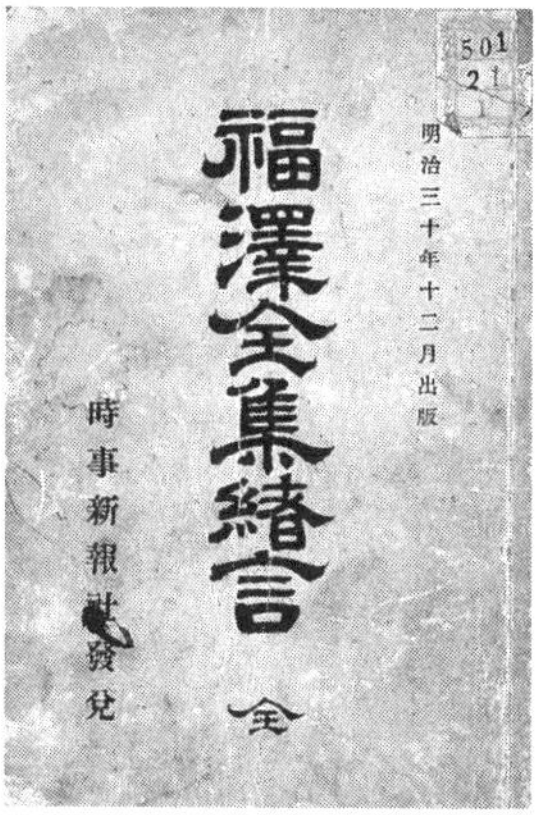

●——『福沢全集緒言』表紙　一八九七(明治三十)年十二月刊。

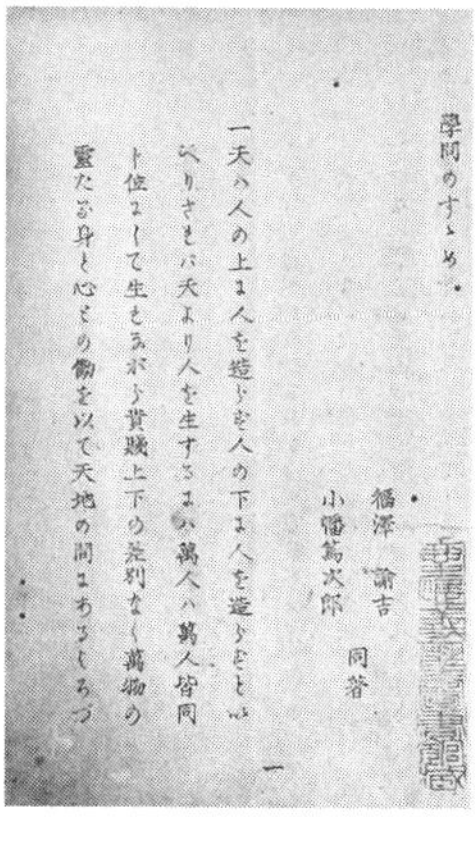

學問のすゝめ

福澤諭吉
小幡篤次郎　同著

一　天ハ人の上ニ人を造らず人の下ニ人を造らずと云へりされバ天より人を生ずるにハ萬人ハ萬人皆同じ位にして生れながら貴賤上下の差別なく萬物の靈たる身と心との働を以て天地の間にあるよろづ

一

●——『学問のすゝめ』初編　表紙(右)と本文(左)。

▼漢文社会の霊場　福沢諭吉特有の表現。「霊場」とは、神仏の霊験あらたかなところ、あるいはその霊験を得る場というような意味。福沢は、この通説にならって、漢文を神仏のように崇め、漢文を会得することに至上の価値を求める人々の世界を大いに揶揄《やゆ》した。

いようにする漢字制限論をとなえた。その趣旨は、一八九八(明治三十一)年、みずからの全集刊行に寄せた「緒言《しょげん》」からよくうかがえる。

オランダ語や英語の翻訳をつづけ、著作活動をおしすすめた福沢は、文明開化を焦眉の急と実感し、漢籍の素読などを「無益の戯」とみて、「漢字を詮索」している暇など一時もないのだ、と主張した。福沢が多く斥《しりぞ》けようとした「漢字」は、ただ難字の多さということではなく、「正雅高尚《せいがこうしょう》」とされてきたその漢文体そのものと、それを反復再生産しようとする価値体系につながっていた。それは、「日本国中の学者先生」が維持してきた「漢文社会の霊場▲」を成り立たせ、ひとりよがりの性急な「神国」意識を強要し、無益な教育方法を駆使し、さらには、儒教主義の「自大己惚《じだいうぬぼれ》の虚文」を今なお「書き散ら」す「支那朝鮮人等」と同歩調をとらせる「弊習《へいしゅう》」「固陋《ころう》」以外の何ものでもなかった。

しかし、ここでさらに重要な視点は、福沢が「元来文字は観念の符号に過ぎざれば」と考えていたことである。つまり、「漢字」とその漢文は一定の観念体系を映し出す記号であり、その記号を斥けることは、その実体であるはずの観念体系そのものを斥けることになる。しかし、あるいは、だからと言うべきか、

「漢字」とその漢文は、所詮、観念体系の記号手段にすぎないものであるから、その観念体系が不適切なものとなれば、いつでも「漢字」とその漢文の方を取りかえたらよい、また取りかえるべきだ、というわけである。

たかが「漢字」、されど「漢字」、である。このような理解は、オランダ語や英語の文字符号(音符号)と、その西洋文明という観念体系との関係に啓発された言語文字認識であったろう。もとより、西洋流の音符字と、表意であり形象である「漢字」とでは、大いに異なっている。しかし、表意・形象が濃厚な文字としての「漢字」を、あくまで西洋流の音符字概念に対応させつつ、一方で、形象・表意であるからこそ観念体系と強固な結びつきをもつ「漢字」を考えないではいられなかったにちがいない。

ただし、文字を観念の符号とのみみて、文明開化をおしすすめるのであれば、ローマ字採用を提唱してもよい。あるいは、すべて仮名を用いるように提案してもよかろう。事実、このような提唱をした人々がいた。しかし、福沢は、その道をとらなかった。

文字言語について言えば、福沢には、さしずめ三つの世界があったように思われる。最大のよるべき世界は、明治維新を断行した「無学不文」の武家、「漢文漢学」を学ぶことのない武家を筆頭に、「教育なき百姓町人輩」や「山出《やまだし》の下女ら」を含む「無数の国民」のそれであり、普通世間の「世俗」であった。このいわば旧ないし現「世俗」に呼応して、いま一つの世界が構想された。それは、「世界普通の道理」が通用する「新日本」の「世俗」であった。そして最後に、「漢文社会の霊場」がある。

「新日本」の「世俗」をめざす福沢は、それに似つかわしい符号としての「新文字」や、その「世俗平易の文章法」を考案することに腐心した。そのヒントは、蓮如《れんにょ》の「御文章《オフミサマ》」▲から得たとも回顧しているが、いずれにせよ、文明開化の対象であり、主体でもある「世俗」を「新日本」のそれとして緊急に、広範囲に、効率よく成り立たせるためには、その「世俗」の俗字・俗文を最大限に借りることが肝要であると考えた。それは、仮名であり、仮名文体である。たとえば、「此事を誤解したる罪なり」などという漢文調を用いないで、「此事を心得違したる不行届なり」といわば仮名文体をとるのがよい、というわけだ。

これは、まさに「仮名がち」文の系譜である。したがって、「漢字」をすべて排

▼**御文章**　本願寺法主蓮如が坊主・門徒に書き与えた手紙の類。現在、大谷派（東）本願寺では「御文」、本願寺派（西）本願寺では「御文章」と呼ぶ。「御文」のほうが古称。仮名法語でもある。計八五通の手紙が蓮如自身によって選び出され、彼の死後、初めてまとめて編集され、流布した。現存の限り、一四六一（寛正二）年（蓮如四七歳）から一四九八（明応七）年十二月（蓮如の死直前）までのものがある。

除するものではなかった。たとえば、『康熙字典』《こうきじてん》▲をめくりながら、スチームの訳語「汽」(滊)を思いつき、かつて豊前中津藩で使われていた「演舌書」(願届の一種)の記憶から、ふと「スピーチュ」(スピーチのこと)の訳語「演説」を生み出した。また、漢文体における「恐」と「懼」の字義の差異にこだわることなく、和訓で「オソル」と通用されている「恐」の字を採用した。

このように福沢は、むしろ自在に「漢字」を活用した。しかし、その「漢字」は、「漢文社会の霊場」としての観念体系を示す記号ではなく、「漢文社会の霊場を犯して其文法を紊乱《びんらん》」することで生み落とされた「新文字」にほかならなかった。中国の漢文体に復原できるような、したがって、これまでの特定の観念体系の忠実な符号であるようなものとしてではなく、まさに、その観念体系を突き崩し、攪乱し、神聖な「漢文社会の霊場」を死の「霊場」に葬り去ろうとする企図と真意のもとで工夫された「新文字」の「製造」であったのである。

かくて、福沢の『学問のすゝめ』▲などは、神官や僧侶らの教導職を介して、平易な講釈体に一層あらためられながら、口話コミュニケーションで文字を十分知らない人たちに大いに滲透していった。

▼**康熙字典**　四二巻。一七一六年に完成刊行。清の聖祖康熙帝の勅命によって編纂された字書。部首と筆画数を基準にしたもので、前代の字書を集大成し、最高権威を誇る。日本では一七七八(安永七)年に翻刻され、日中ともに長く活用された。しかし、引証に誤りが少なくない。

▼**学問のすゝめ**　全一七編。「天ハ人の上に人を造らず、人の下に人を造らずといへり」ではじまる初編は、一八七一(明治四)年、福沢が郷里中津(現大分県中津市)の学校開設にあたり、その学生・教員向けに配布した小冊子(パンフレット)であった。これをただちに慶応義塾で活字版にしたところ、大変な売れ行きになった。偽版を含めて二二万冊ほどであり、当時の日本の人口を三五〇〇万と仮定すれば、一六〇人に一人の割合で読まれた計算になる(口話コミュニケーションの数は度外)。

④——「字」を書くことのはじまり

古典文字・非文字世界に向かって

私たちは、ここまできて、ようやく古典文字・非文字の世界にどのように立ち向かったらよいのか、そのささやかな心構えと準備がととのったように思う。そもそも、平安時代以前の古典文字・非文字世界においては、「漢字」としての認識も、「真名(字)」と「仮名(字)」の関係も存在しなかった。また、「漢字」と「和語」「言」とのむき出しの関係ひいては対決を想定するのも、主として近世以降の知の方法であった。さらに、文字を観念の符号とみるのは、西洋文明との接触を待たなければならない。

古典文字・非文字世界に立ち向かう私たちには、このようなバイアス▲が幾重にもかかっている。したがって、そこへ本当にたどり着くのは容易なことではない。しかし、少なくとも予想できるのは、ただ漢字形の「字」があったのであり、また、なかったのもその「字」であった、ということである。

▼バイアス　質問の仕方によって回答に偏りがみられることをいう。転じて、先入観のこと。

「字」と〝字文〟の成り立ち

『古事記』▲や『日本書紀』▲に「漢字」という用語はもちろんのこと、「文字」という用語も使われてはいない。あるのは、ただ「字」であった。その中で『日本書紀』は、六七〇(天智九)年の六月にかけて、ある邑《むら》で不思議な亀が発見されたことを伝えている。それは、背中に「申の字を書」し、上は黄、下は玄、長さは一八センチ未満であったという。実際に「字」が書いてあるはずはないから、亀甲の文様などを解釈したのか、何らかの細工を施したのか、いずれかである。

しかし、ここで注意したいのは、この発見情報が『千字文』にもとづくということである。「天地玄黄、宇宙洪荒、日月盈昃《じつげつえいしょく》」ではじまる『千字文』をすでによく知っていて、「玄黄」が逆転し、「日月」の「日」が「申」にかわっている異常さをうったえたのであった。いずれにせよ、何らかの異変を告知する現象とみられたらしい。

これを特異なこととして、例外視しない方がよい。この不可解な出来事から、私たちは大切な「字」の日常性を知ることになろう。まず、書かれていたのが「申」の一文字だとしても、「字」は一つで孤立しているものではない。複数の

▼**古事記**　三巻。七一二(和銅五)年成立。上巻は神代、中巻は神武天皇から応神天皇、下巻は仁徳天皇から推古天皇までの治世を記述。最後のほうは記述が簡略化する。天武天皇の時代に編纂計画が立てられ、稗田阿礼《ひえだのあれ》が帝紀と旧辞を読みならわして調整し、最後に太安万侶《おおのやすまろ》が字音・訓の使用に腐心しながらまとめた。

▼**日本書紀**　三〇巻。系図一巻(現在は欠失)。七二〇(養老四)年撰上。もと「日本紀」と称した。現存最古の勅撰史書で、六国史のはじめ。神代から持統天皇の治世までを編年体で記す。天武天皇の時代に編纂が始まり、舎人《とねり》親王らによって完成された。その直後から講書が始まっている。『古事記』との関係は、なお未詳。

「字」が組み合わさり、あるいは一定の文をなすことによって、「字」ははじめて意味をもつ。たとえ、何かの遺物に一文字(らしきもの)が発見されたとしても、それだけで「字」と認定することはできない。それを「字」とするためには、そこにどのような「字」の組み合わせや、文があったのかを明らかにしなければならない。

今の場合、「申」の「字」のもとに『千字文』(少なくとも冒頭部分)の世界がかくされていた。それは文字どおり「千字」の「文」であって、いわばこの〝字文〟あってこそ、はじめて「申」の「字」が意味をもつことになる。

では、この〝字文〟に支えられた「字」、逆に「字」をつづった〝字文〟を書すとは、一体どういうことなのか。そこで優先的に考えなければならないのは、〝字文〟もまた抽象化されて孤立しているのではないということである。今の場合、その〝字文〟は亀と一体であって、「天地玄黄」の逆転は、亀の色彩としてあらわされている。

このようなことは、古典文字とその〝字文〟が、ふつう刀剣類や鏡、あるいは仏像などの形象物に刻まれていることを思えば理解しやすいであろう。これら

●──『日本書紀』

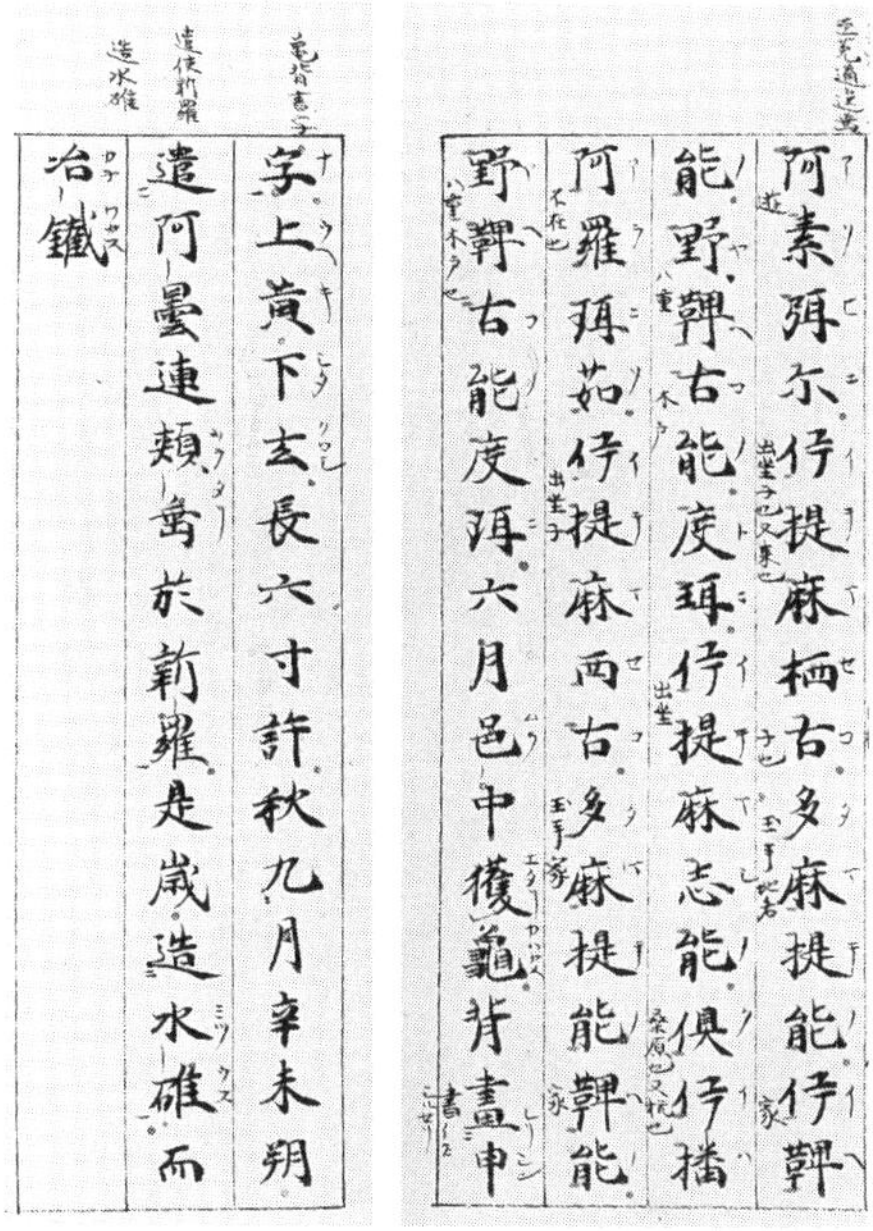
阿素弭尓俦提麻栖古多麻提能俦羿
能野羿古能庋弭俦提麻志能俱俦播
阿羅弭茹俦提麻西古多麻提能羿能
野羿古能庋弭六月邑中獲龜背書申
字上黄下玄長六寸許秋九月辛未朔
遣阿曇連頰垂於新羅是歳造水碓而
冶鐵

●──『注千字文』

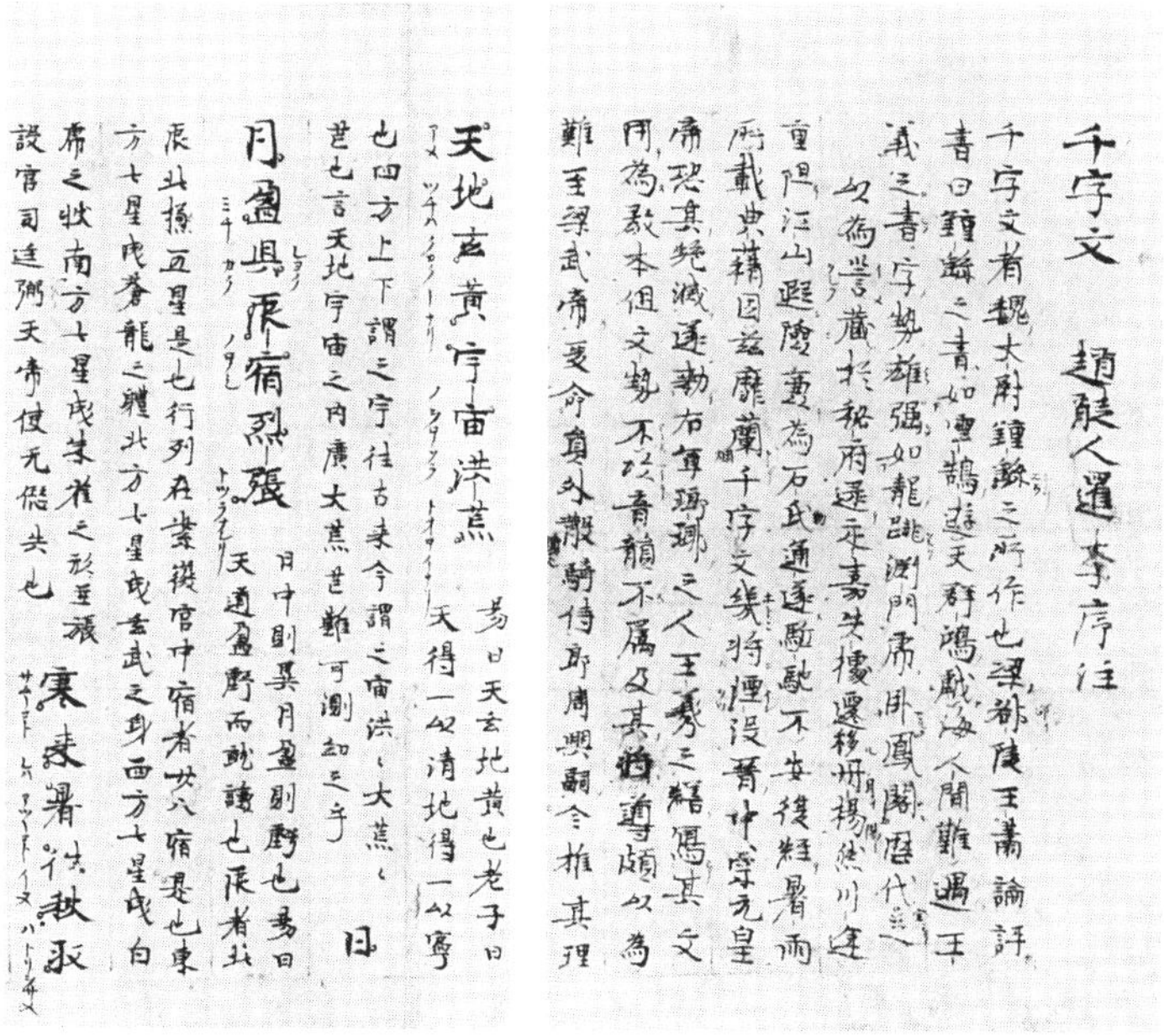
千字文
天地玄黄宇宙洪荒
日月盈昃辰宿列張
寒来暑往秋収

の〝字文〟は、それぞれの形象物の単なる説明文でもなければ、もちろん独自に自立したものでもない。形象物の造作や存立と一体をなして書され、記されたものなのである。あたかも、さきの亀（形象物）のように、〝字文〟の含意《がんい》が形象物そのものに表象され、また形象物が〝字文〟によって補われるというふうな一体性を帯びている。

　しかし、〝字文〟を欠いた形象物は限りなく多い。その中にあって、むしろ例外的な形ではじまった〝字文〟の成り立ちがあるはずである。そのもっとも早くて有力な要件をあげるなら、人を認定する呼称としての「字」、ひいては「姓字」「名字」である。これは、『日本書紀』にみられる「字」の用例としてもっとも多いが、必ずしも中国流の「あざな」に呼応するとは思えない。また、本居宣長がきらった『日本書紀』の故意として斥けるわけにもいくまい。なぜなら、埼玉県稲《いな》荷山《りやま》古墳出土の鉄剣銘▲をはじめとして、人の名を連ねた〝字文〟は少なくないからである。

　そもそも、アメノウズメとサルタヒコの神話伝承▲が物語るように、人の名というものは自然に存在するのではなかった。それぞれの人間やその集団の間で、

▼稲荷山古墳出土の鉄剣銘　一九六八（昭和四十三）年に稲荷山古墳（埼玉県行田市）が発掘され、その中から出土した鉄剣の表裏に金象嵌された一一五文字ほどの銘文が七八年になって発見された。「辛亥年」（四七一年）の紀銘に始まり、「杖刀人首」として仕えた「乎《オ》獲居《ワケ》」の「根原」（本源と継承）が記され、時に「獲加多支鹵《ワカタケル》」（倭王武、雄略天皇）の宮が「斯鬼《シキ》」にあったことなどを刻している。

●――稲荷山古墳出土の鉄剣

▼アメノウズメとサルタヒコ

記紀神話によると、ニニギノミコトが天降る時に立ちはだかった神の名をアメノウズメが問いただして明らかにさせた。その名がサルタヒコである。そこで、サルタヒコの名をアメノウズメが負うことになって、のち猨女君と称し、鎮魂祭で楽舞を行なうようになったと伝えられる。

何らかの通交や交渉あるいは継承が成り立った時、画期的にその人間や集団が匿名なものから特名なものへと転換する。このようなことは、日本列島内に限られるわけではない。つまり、日本列島の内外を含めて、その正体や関係があかされ、特定化されるわけであるが、そのもっとも端的な場合が人の呼称であった。まさに命名である。

もっとも、ただ人の呼称というのなら、音声言語でもよい。それが書記されることで、「姓字」とか「名字」がはじめて本来的に登場してくるのだが、なぜ書記が可能で、必要になったのか。それは、人間(集団)間の通交や交渉ひいては継承のあかしとして、刀剣などの稀少な価値をもつ形象物がことさらに造作され、そして贈与されたり、保存されたりするように、あるいはできるようになったからである。

人やその集団を「字」化することは、当然その諸関係をも「字」化することであるから、ここに〝字文〟が成り立つ。さきの鉄剣銘でいえば、「児」ごとの結びつきや「大王」の設定、そして「吾奉事根原」がつづられていった。しかし、この〝字文〟は、あくまで贈与や保存が企てられた形象物(鉄剣など)と一体なものであって、やはり稀少な価値をもっていた。

初期の〝字文〟の類が、珍宝や重宝のもとで理解されていたのは、以上のような成り立ちに由来する。七世紀になると、〝字文〟を記した文書は、付随する稀少価値の素材（紙や墨など）や入れ物の箱などと分かちがたい関係のもとで机の上に置かれ、その机ごとに授受や保管が行なわれた。この机は、元来、珍味を山盛りにして、男女（集団）間の婚姻、つまり通交の画期に贈与されるものであった。その高い脚は、大地との距離を隔てる効果をあらわして、贈与物の重宝さを補った。貴重な食物にかわって、今度は文書が机に載せられるようになったのである。その先駆けをなすのは、隋からもたらされた国書であった。

「イカルガ」の成り立ち

では、このような「字」と〝字文〟をどのように獲得し、言いあらわしていったのか。まず、独自の日本語である「和語」「古言」が古くから変わらずにあって、それに漢字形の「字」をさまざまにあてていったと考えるのは、おそらく正しくないであろう。たとえば、奈良県の法隆寺とその所在地（宮殿を含む）の呼称は、ある時期から「鵤」ないし「斑鳩」の「字」をもってあてられていた。ふつう、鳥の名である「イカルガ」という日本語を、これらの「字」にあてたものとみられている。たしかに、「伊珂留我《イカルガ》」などの、音表記の「字」が書き残されているので、「イカルガ」と言ったことは間違いない。

しかし、日本列島には、さらにいくつか「イカルガ」を音「字」表記した地名▲や集団があった。この言葉は、古代朝鮮半島の言語で「大いなる君」とか「大いなる食事」をさしている可能性が高い。つまり、必ずしも鳥の名ではないのである。しかも、例外的に朝鮮半島から輸入された言葉ではなく、広く日本列島で使われていたらしい。とするなら、「イカルガ」という言葉を「和語」に限定することも、朝鮮半島の語に限定することもできないことになって、要は、今の国籍を超えたものとなる。

このような「イカルガ」は、主に法隆寺周辺に限って、鳥である「鵤」や「斑鳩」の「字」を使うようになった。「字」も、「伊看我」「伊干我」などの音表記から大きく転換して、中国の漢文に復原可能なものとなり、同時に、その表意も変転した。これにともない、鳥の名をいう「イカルガ」が「和名」となり、日本語である

▼「イカルガ」の地名　丹波国何《いか》鹿《るが》郡(現京都府綾部市周辺。もと「伊看我」「伊干我」と表記)、越中国礪波《となみ》郡(現富山県砺波市周辺)の「伊加流伎《いかるぎ》」など。詳細は、拙稿「『イカルガ』の成り立ちと漢字文化」田中隆昭編『交錯する古代』勉誠出版を参照。

●「伊看我」木簡　藤原宮跡出土。

●「伊干我」木簡　兵庫県山垣遺跡出土。

「和語」への道をつきすすむことになる。つまり、この場合は、「和語」「古言」と、漢文の「字」とが、同時に生まれた双生児であったのだ。逆に、さかのぼって、日本列島の「字」と〃字文〃の基盤に、少なくとも古代朝鮮半島と通有の言葉があり、さらには「字」や文体、そして音声があったことをよく吟味していかなければならない。

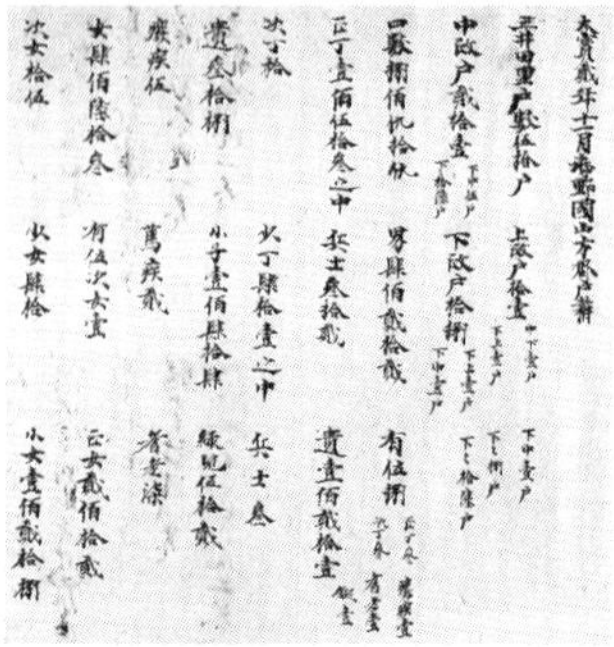

●──「御野国戸籍」(大宝二年)

第一・二次の「字」文化

この言葉と「字」や〃字文〃の基層については、近年あらためて指摘されつつある。今は、未紹介の一例を取り上げておきたい。それは、七〇二(大宝二)年の『御野国《みののくに》戸籍《こせき》』の一部に「仇」という「字」が使われていることである。この「仇」は、人員の数字の九をさしているが、これ以後、この「字」は用いられず、「玖」にとってかわられる。ところが、古代朝鮮半島では、必ずしも数字としてではないが、「仇」は「久」の「字」とも混用して、しばしば使われていた。一方、『古事記』や『日本書紀』に登場する「仇」は、「あだ」つまり「かたき」の意味で用いられるのがふつうである。

この「仇」から「玖」への転換は、古代朝鮮半島との通有文化圏をなす第一次「字」文化から、中国の漢文の「字」を尊重する第二次「字」文化への変転を象徴している。第二次「字」文化では、「仇」の「字」義である「あだ」をきらうようになったのである。

しかし、ここにはまた、別の要素を考慮しておくべきであろう。そもそも、「仇」も「玖」も、人員数字として全く任意に選択された「字」ではあるまい。「仇」は、百人の人員数をあらわす人偏の「佰」と同じように、九人の人員数をあらわす人偏の形象・表意の「字」として意味をもち、「玖」は、「王」のもとに「久」しくあるという形象・表意の「字」として期待されたのではないか。これに、「玖」の中国での「字」義である〝黒色の美石〟という含意が加味されていようか。

となると、第一・二次の「字」文化の区別を問わない、いま一つの問題が出てくる。それは、「字」の形象・表意へのこだわりということであった。ここに少なくとも三つの局面が指摘できるであろう。第一は、その形象・表意へのこだわりが、必ずしも中国での「字」義と合致するものではないということ。第二は、その限りにおいて、あらたな造「字」行為に近いこと。そして第三は、このあら

●——「美濃国」刻印須恵器

▼「生王」木簡　次ページ上右写真参照。

ためての造「字」行為に、やはり第一・二次の「字」文化の差異を認めてよいのではないかということ。

「字」の形象・表意へのこだわりと呼応する造「字」行為は、ふつう「國」(国)と書くところを「国」の「字」にかえたり、「壬生《みぶ》」と書くところを「王生」や「生王」の「字」にかえたりする例にもあらわれている。▲いずれも「王」のイメージがつよく、前者は「王」のクニ、後者は「王」を誕生させ養育する集団として、その造「字」効果を発揮するのである。

このような第一・二次の「字」文化の区別、そしてこれらを貫く「字」の形象・表意へのこだわり、ひいては造「字」行為は、もちろん、一つ一つの「字」に限られることではなく、長短の〝字文〟に及ぶ。さきの亀と『千字文』の例にしても、「字」ないし〝字文〟の変異逆転現象は、あらたな造「字」や造〝字文〟の行為であり、感得であったとみることができる。

字書に使う木簡

したがって、もし古典文字の世界を、漢文体から和文体への道筋でとらえる

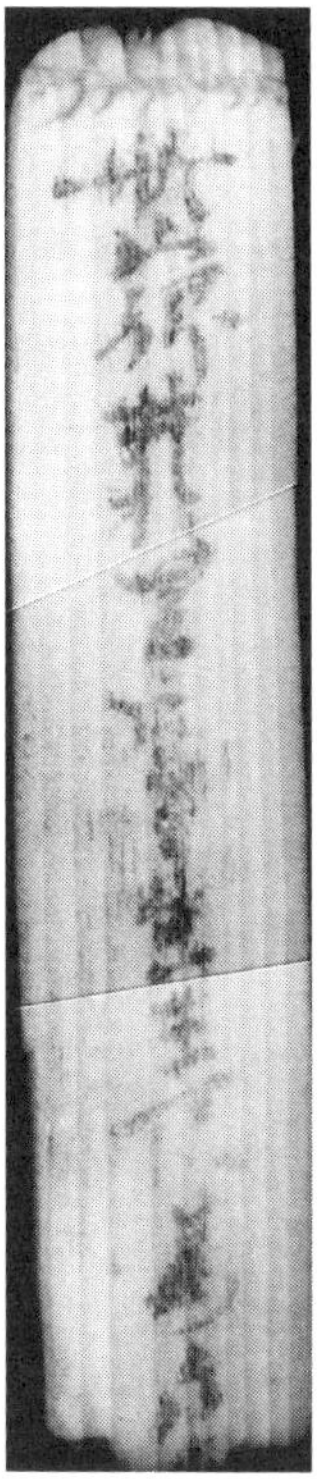

●―「生王」木簡　長野県屋代遺跡群出土。

〔表〕〔裏〕

●―字書木簡　奈良県飛鳥池遺跡出土。

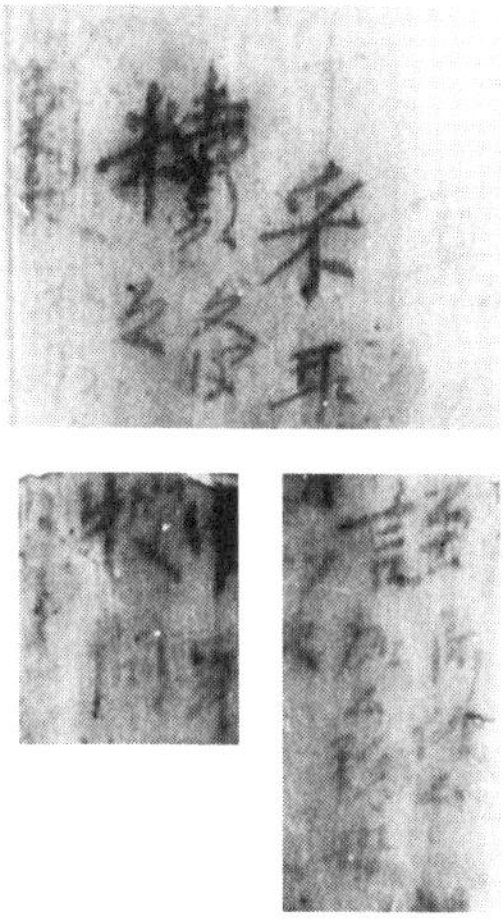

●―字書木簡(部分)　滋賀県北大津遺跡出土。

●―論語木簡　徳島市観音寺遺跡出土。

〔表〕〔裏〕

●―「白馬」木簡　奈良県飛鳥池遺跡出土。

▼**字書風の木簡**　北大津遺跡（滋賀県大津市）、飛鳥池遺跡（奈良県明日香村）、観音寺遺跡（徳島市）各出土の木簡など。九一ページ上中央・左写真参照。

むきがあるとすれば、それは必ずしも適切ではない。そもそも、初期の残存〝字文〟が、中国の漢文の体をなしていないことからして、それは明らかである。ただし、この道筋の想定には、音読から訓読への展開を予想することと表裏の関係がある。たしかに、七、八世紀の木簡の中には字書風のもの▲があって、たとえば「賛」の「字」を「田須久」と訓むのであるとか、「誣」の「字」を「阿《あ》佐《ざ》ム《む》加《か》ム《む》移《や》母《も》」と訓むのですよ、などと割注している。ここに、「字」ひいては〝字文〟の訓読がすすみ、和文体を生み出していく条件がととのいつつあったとみるわけである。

ところが、このような字書風の木簡は、さらに「采、取」とか「披、開」とも記している。「采」や「披」の「字」義を、それぞれ別の「字」で説明したのである。もっとほかの例もみられる。たとえば、「横、詠、営、詠」とか「尸、之」、「羆、彼」などと書かれているのは、「エイ」「シ」「ヒ」などの音を説明したのであった。まさに、音読であるが、当時の中国音ではなく、古代朝鮮半島の音に共通するところがある。

このように、同じ字書風の木簡でも、さまざまな条件が混在していた。たまたま音読で貫かれた一枚の木簡は、音読専用の目的に役立てるためのものであったと言えるかもしれないが、基本的に混在の事実はかわらない。このうち、とくに訓読の条件に注意してみると、馴染《なじ》みのうすい「字」や、異体字のような稀少で特異な「字」に訓読が施される傾向にあった。と言うことは、このような「字」の受容と同時に、あらたな訓読法が考案された可能性があり、もちろん、その訓読法が古くからの固有の日本語であった保証もない。

ここに、「字」と〝字文〟を読み、書きする時、「字」と〝字文〟の音読、ついで意味(義)のそれぞれのネットワークを確認すること、また、とりわけ難「字」とその〝字文〟には新しい訓読法を考え出すこと、などが交り合って進行していた。

『論語』から

今度は、少しまとまった〝字文〟を例にとろう。七世紀も早い段階の不思議な木簡が、徳島市の観音寺遺跡から出土した▲。四面を作った棒状の木簡に、隷書風の〝字文〟が記されていたのである。その中の一面は、次のように書かれており、これが『論語▲』の冒頭文にならったものであることは明らかであるから、こ

▼「論語」木簡　九一ページ下右写真参照。

▼論語　二〇編。孔子の言行録。現在のような体裁のものは後漢になってととのえられたようであり、鄭玄《じょうげん》の功績が大きい。『古事記』応神段に、『千字文』とともに日本へ伝来したとされるが、七世紀後半にはたしかに広まっていた。魏の何晏《かあん》の「集解《しっかい》」、梁の皇侃《おうがん》の「義《ぎ》疏《そ》」などの注釈がよく用いられ、古代の大学でも必読書となった。

論語學而第一　何晏集解
子曰學而時習之不亦悅乎　馬融曰子者男子之通稱謂孔子也王肅曰時者學者以時誦習之誦習以時學無廢業所以爲悅懌也
有朋自遠方来不亦樂乎　苞氏曰同門曰朋也
人不知而不慍不亦君子乎　慍怒也凡人有所不知君子不慍也
有子

●――『正平版論語集解』

れもあわせて紹介しておこう。

〔木簡〕「子曰、学而習時、不孤□乎、□自朋遠方来、亦時楽乎、人不□（知カ）亦不慍」

〔論語〕「子曰、学而時習之、不亦悦乎、有朋自遠方来、不亦楽乎、人不知而不慍、不亦君子乎」（今日ふつう「子曰《しのたまわ》く、学びて時にこれを習う、亦《ま》た悦ばしからずや、朋《とも》あり、遠方より来たる、亦た楽しからずや、人知らずして慍《うら》まず、亦た君子《くんし》ならずや」と訓《よ》んでいる）

しかし、この二つの〝字文〟をよく比較してみると、けっして同文ではないことも明らかである。そこで、『論語』学而篇のこの部分を訓読し、あるいは暗誦して、それをまた「字」化したので、このような差異が出てきたとみる向きもある。だが、「時習之」を「時に習う」と訓読し、「に」の返読にひかれて「習時」と書くことになった、などというのは、いかにも苦しい論法である。また、「有朋自遠方来」を「朋遠方より来たる有り」と訓読した結果が木簡の〝字文〟になったというのも、あやしい。いずれも逆に、現在流の訓読にこだわりすぎて、そこから出発してしまった論理である。

少なくとも木簡の筆者は、『論語』の一字一字をそのまま正確に写そうなどとはしていなかった。筆者は、まず「時」や「乎」の「字」に多大な関心を示した。たしかに、木簡の他面には、「乎」という「字」が少なくとも二つは書かれていた。ただし、その他面は『論語』と直接の関係はないようである。また、「不孤□乎」と書かれていたとすれば、『論語』とは大きくちがう。ここは、「学んで習う時は、ひとりで悦ぶのではないのだ」などの意味もありえようか。つぎの「□自朋遠方来」は、とにかく「（自分の？）（自身で？）（……より？）朋が遠方から（へと？）やって来た……」というふうな意味であろう。これにつづく「亦時楽乎」とは、「またその時は、何と楽しいことよ」という意味であろうが、『論語』の反語的表現とその思惟を理解できていない。この点は、長野県屋代《やしろ》遺跡出土の『論語』木簡がやはり「亦楽乎」と書いていることと同じである。このような理解にたてば、さきの「不孤□乎」も反語法をもって表現されているとは考えにくい。最後の「人不□（知カ）亦不慍」は、「而」を「亦」にかえることで、これまた『論語』の意味とちがうことになろう。

かくして、木簡の意味は、『論語』によりながら『論語』から離れていっている。

それは、おそらく他面の〝字文〟と関係があるのであって、何やら人たちの別離や再会などのことが書かれているらしく、そのなかに『論語』を巧みに取り込んだか、逆に『論語』に啓発されて、自分たちの社会環境を告白ないし認知することが行なわれたふしがある。場合によっては、その環境をそれぞれ四面で占うようなこともあったろうか。

となると、これも一種の造「字」、そして造〝字文〟である。その過程で、訓読や暗誦が行なわれていた可能性をまったく否定できるわけではないが、少なくとも今日流の訓読が行なわれたとは言いがたい。また、形象・表意の「字」そのものにはじめからこだわるところもあった。

いま一つ、『千字文』から別な例を追加しておこう。それは、奈良県の飛鳥池遺跡から出土した天武朝ころの木簡である。▲表裏面に、それぞれ次のように書かれていた。

〔表〕白馬鳴向山　欲其上草食
〔裏〕女人向男咲　相遊其下也

この木簡には、対句風なところがあるが、とくに表面は、その漢文体をくず

▼「白馬」木簡　九一ページ下左写真参照。

して、和文的な訓読表現がみられるとする見方があった。しかし、この表面は、『千字文』の「鳴鳳在樹、白駒食場」（今日流に訓読すれば「鳴きて鳳は樹にあり、白駒《しろきこま》は場《にわ》に食《は》む」）にならったものとみられる。となると、『千字文』を訓読して表現したのかということになりかねないが、裏面の文体と文意にひきずられながら、『千字文』をよく見つつ、その「字」や〝字文〟を組みかえていったものと考えざるを得ない。これもやはり、『千字文』によりつつ『千字文』から大きく離れていったのである。その意味で造「字」や造〝字文〟の行為と言ってよい。

『老子』から

藤原宮▲跡から出土した木簡の「道可非常道□」についても、同じようなことが言えよう。これは、『老子▲』の冒頭にある「道可道非常道」（ふつう「道の道とすべきは常道に非ず」と訓読されている）にならっている。しかし、三文字目の「道」を落として書いた。今日流の訓読をした上で省略したものとは考えにくい。あるいは、正しく読めなかった末のことなのかもしれないが、とにかく「道は常道ではない」というふうな意味にしたらしい。この「常道」を「常陸《ひたち》」とみるのも一案

▼藤原宮　現在の奈良県橿原市に所在する古代の宮。六九四（持統八）年の遷都（持統天皇）から七一〇（和銅三）年の平城遷都（元明天皇）までの宮で、藤原京のほぼ中央に位置。四方それぞれ九〇〇メートル強あり、各辺三つの門があった。大極殿は、この宮ではじめて確立した。

▼老子　『老子道徳経』二巻の約。道徳の意を説いた老子の書とされる。八一章に区分。五千余言からなるとも伝えられる。一九七三（昭和四十八）年、中国長沙市郊外の馬王堆漢墓から帛書（絹布に書いた）『道徳経』が二本発見された。日本では、老子を崇拝する道教を拒否しており、『老子道徳経』もはじめは流布しなかった。

ではあろうが、いずれにしても『老子』によりながら、どこまで『老子』を写しえたのかは疑問である。

ただ興味深いのは、のち『唯一神道名法要集《ゆいいつしんとうめいほうようしゅう》』をあらわした吉田兼倶《かねとも》（一四三五～一五一一年）が、この『老子』を引いて「道非常道」（道は常の道にあらず）と書いていることである。ながく、「道可道」という句は、とっつきにくい不可解なものでありつづけたようだ。

古典文字の世界

さて、はじめに「和語」などという日本語があって、これに漢字形の「字」がただあてられていったわけでもない。漢文体から和文体へと一方向的にすすんだわけでもない。音読から訓読へと発展的に向かったわけでもない。とするなら、一体、古典文字の世界はどのようなものであったのだろうか。

まず第一は、「字」そして〝字文〟として自立していくプロセスがあった。つまり、貴重な贈与・継承の形象物から切り離されて日常化することである。木簡の大量な消費は、その方向性を示すものであるが、付札などはやはり、物品という形象価値との一体性を保っていた。

第二は、「字」の形象・表意へのこだわりをもちつづけた。しかし、このことは、中国における「字」義との合致を必ずしもめざすものではなかった。

第三は、たしかに、中国の漢文体に接することがあったとしても、その「字」や〝字文〟を組みかえ、造り直していくふだんの行為がみられる。それは、あらたなコンテクストへの編制ということであった。つまり、「字」や〝字文〟は受容されたというよりも、不断に創造されていったのである。

第四は、その造「字」や造〝字文〟の過程で、つまり編制のプロセスにおいて、仮に訓読に似たことが行なわれたとしても、それは現在流のものとは異なる可能性があった。また、音や形象・表意などへのこだわりと常にだきあわせですすむ。そして、そこではじめて訓読的な方法も考案され、「和語」とか「和名」とのちに伝えられるような言語があわせて生み落とされてくる。

しかし第五として、同じ古典文字の世界と言っても、その広がりの多様性と、時代性をやはり考えてみなければならない。広がりということで言えば、日本列島の東西にわたって、「字」文化の濃密な拠点が早くからあった。飛鳥などの宮都地区は、その量的な集約地点であり、逆に、分配介在の役目を果たすところであった。そして、このような関係が成り立つのは、日本列島の内外を問わない広域の「字」文化圏が、列島内の多様な地区とそれぞれ結び合って、ある種の開花をみせるからである。

時代性ということで言えば、さきに第一・二次の「字」文化区分について述べておいた。では、その時期区分はいつなのかということになるが、さらに次のような見通しが可能であろう。一つ目は、五七二(敏達元)年ころ。それは、高句麗の文書を船史《ふねのふひと》の祖王辰爾《おうしんに》▲がはじめて解読できたと『日本書紀』が伝えている年紀である。二つ目は、六八二(天武十一)年ころ。それは、「新字一部四十四巻」を造ったと『日本書紀』が記録している年紀である。この間は約一世紀であるが、ここが古典文字世界の実質的な成長期となろう。第一・二次の「字」文化の区分は、この間にゆるやかに、時に突然生じて、七世紀末以降に、第二次「字」文化の到達を迎えたものとみたい。

しかし、これは「漢字」文化の受容というよりも、漢字形の「字」とその〝字文〟をいかに造り、編制していくかという、ながい、錯綜《さくそう》した生産行為であったと

▼船史の祖王辰爾　渡来系氏族。五五三(欽明十四)年、大臣蘇我稲目の命により、王辰爾が船の賦《みつぎ》を数え、記録した。この功によって、王辰爾は船長《ふねのつかさ》となり、船史の氏姓を与えられたと伝える。白猪《しらい》(葛井《ふじい》)・津(菅野《すがの》)の各氏は同族。墓誌として現存最古の紀年銘をもつ船王後墓誌《ふねのおうごぼし》(現大阪府柏原市で発見。もと河内国松岳山)に「船氏の中祖王智仁《おうちに》」とあるのは、まさに王辰爾のことであろう。本拠は河内国丹比郡野中郷(現大阪府藤井寺市・羽曳野市の一部)の地にあり、野中寺《やちゅうじ》は氏寺。

言った方がよい。のちにいう「和語」も、この間に生み出されはじめていた。

やがて平安時代に入って、「漢字」が自覚され、「真名（字）」と「仮名（字）」の区別が言われるようになるには、このながい「字」文化の生産期間が不可欠であった。そして、その上に、八世紀半ばから末期にかけて、唐の漢字文化、つまり中国の漢文体が直接もちこまれることによって、あるいはそれがある程度理解可能になって、はじめて「漢字」であることの文化が意識されるようになった。

その直接的な端緒は、唐ひいては中国の漢字文化を満載して、七一八（養老二）年に無事帰国を果たした遣唐使にあろう。その後、八世紀後・末期になって、淡海三船《おうみのみふね》（七二二〜七八五年）のように、はじらい、おそれながら、しかしいささかの自負をもって漢文体を作製できる段階がくる。これだけの屈折した自意識をもつようになると、平安時代はもはや目前であった。「文章は経国の大業」と言われるようになり、その「文章」は、それこそ漢文体なのだ。

非文字世界との関係

ただ、ここで最後に告白せざるを得ないのは、古典文字世界にひそむ広大な非文字世界のことについてである。たとえば、『日本書紀』にしても、「律令格式」にしても、それは限られた文字世界でのメッセージにすぎない。六八一（天武十）年の群馬県山上《やまのうえ》碑文のような〝字文〟が、中央政府の史書編纂に提供されながら、その〝字文〟体が拒否されたとしても、また、七一一（和銅四）年の群馬県多胡《たご》碑文が、中央政府の律令行政文書を地域向けに改編したものとしても、ともに文字世界の範囲のことである。もちろん、同じ文字世界でも、その超えがたい差異をけっして忘れるべきではないのだが。

実は、山上碑文にしても、多胡碑文にしても、さらに目や耳や、そして口を介して、それは非文字世界へと還元されたはずである。その時、それがどのように伝えられ、感得されたのかとなると、容易には知りがたい。しかし、この不確実性は、実は同時に、『日本書紀』などの史書や、「律令格式」そのものの〝字文〟の現実へとはね返ってくる。

たとえば、「律令」で定められた辞という様式の文書があった。しかし、この文書は、非文字世界からのメッセージを巧みに文字世界に取り込んでいく機能を果たした。つまり、「字」をつづれない人が、「字」を書いたことにして、文書

▼**山上碑**　群馬県高崎市山名町に所在する上野三碑（石碑）の一つ。その碑文は、放光寺（同県前橋市山王廃寺か）の僧長利が父母の系譜や三家《みやけ》設置の歴史を「記定文」（ふつう「記し定める文」などと読むが、意味はよいとしても、読みの確証はない）であるとする。この「記定文」の年紀は辛巳（六八一）年であるが、『日本書紀』によると、ちょうどこの年に帝紀や上古諸事を朝廷で「記定」させたとある。すると、山上碑文もしくはそれにかかわる〝字文〟が朝廷に提供された可能性があろうか。

行政を回転させ、社会をつきうごかそうとしたものであったらしい。また、「律令」は当初、一部で講説されたようであるが、そもそもは、これを運用する官吏らの覚書のようなものであろう。人々がみな、この「律令」の写本を家に持っているとか、暗記しているなどということはあり得ない。現在の私たちが、書かれた「律令」をもって律令体制とか律令社会と称したとしても、当時の人々には、そのような回路で自分たちの社会環境を実感することはなかったであろう。部分的に「字」として見知ること、あるいは見慣れることはあり得ようが、大半は口話コミュニケーションによっていたはずである。問題は、このコミュニケーションのしくみや、その不可欠な仲介者層にあり、そして、それによって生じる限られた文字世界からのメッセージの転換、ねじれ、矛盾にある。

この点について、多く記録が残るようになった『醒睡笑』以降の文字と非文字の関係世界は、古典文字・非文字の世界に立ち向かう私たちに、あらたな勇気と指針を与えてくれるであろう。私たちの前に広がる古典世界は、ハードではないソフトの歴史なのである。

▼**多胡碑**　群馬県高崎市吉井町に位置する上野三碑(石碑)の一つ。その碑文には「弁官符」をはじめとして特有の語や文体が目立つ。多胡郡の建郡を知らしめる碑文脈には、上野国府からの〝まなざし〟が濃厚である。なお、金井沢碑を含む上野三碑は、二〇一七(平成二十九)年、ユネスコ「世界の記憶」に登録された。

●—図版所蔵・提供者一覧(敬称略，五十音順)

新井太　p.63上
一乗寺・奈良国立博物館(写真提供)　p.10
(財)逸翁美術館　p.56
『ヴィジュアル書芸術全集』4 (雄山閣)　p.31上・中左
上野信三　p.83下(和泉書院『上野本注千字文注解』より)
小川貴司・岐阜市歴史博物館(原資料所蔵)　p.90
小川雅人・東京国立博物館(写真提供)　p.31下右
宮内庁三の丸尚蔵館　カバー裏
宮内庁正倉院事務所　p.31中右, p.88
慶應義塾　p.75上・中・下
高山寺・京都国立博物館(写真提供)　p. 7 上
高野山金剛峯寺　p.21
国立公文書館　p.23, p.63下右・下左
国立歴史民俗博物館　p.50下右・下左
(財)五島美術館　カバー表
埼玉県立さきたま資料館　p.84
滋賀県教育委員会　p.91上左
(財)静嘉堂文庫　p.94
逓信総合博物館　p.72
天理大学附属天理図書館　p.13中, p.83上(八木書店『善本叢書』56より)
東京国立博物館　p.31下左, p.39上・下右
東寺　p.13上
(財)東洋文庫　p. 7 下
徳島県立埋蔵文化財総合センター　p.91下右
長野県立歴史館　p.91上右
奈良文化財研究所　p.87右, p.91上中・下左
『邦訳日葡辞書』(岩波書店)より　p.13下
(財)前田育徳会　p.50上・中
本居宣長記念館　扉・p.66
『山垣遺跡』(兵庫県教育委員会)より　p.87左
(財)陽明文庫　p.39下左
輪王寺　p. 7 中

＊所蔵者不明の写真は転載書名を掲載しました。

鈴木棠三校注『醒睡笑』上・下，岩波書店，1964年
瀬間正之「漢字で書かれたことば ── 訓読的思惟をめぐって」『国語と国文学』904，1999年
田久保周誉『批判悉曇学』福性寺，1944年
田久保周誉・金山正好補筆『梵字悉曇』平河出版社，1981年
舘野和己「木簡の表記と記紀」『国語と国文学』936，2001年
築島裕『国語の歴史』東京大学出版会，1977年
築島裕『日本語の世界』5 仮名，中央公論社，1981年
東野治之『長屋王家木簡の研究』塙書房，1996年
戸川芳郎編『漢字の潮流』山川出版社，2000年
中田祝夫『日本語の世界』4 日本の漢字，中央公論社，1982年
中田勇次郎編『書道芸術』11聖徳太子・聖武天皇・光明皇后，中央公論社，1972年
中田勇次郎編『書道芸術』12空海，中央公論社，1975年
中田勇次郎編『書道芸術』15藤原行成，中央公論社，1975年
中田勇次郎編『書道芸術』13最澄・嵯峨天皇・橘逸勢，中央公論社，1976年
中田勇次郎編『書道芸術』14小野道風・藤原佐理，中央公論社，1976年
西林昭一『ヴィジュアル書芸術全集』4 三国―東晋，雄山閣，1991年
西林昭一編・鶴田一雄著『ヴィジュアル書芸術全集』6 隋・唐，雄山閣，1993年
林屋辰三郎ほか校注『日本思想大系』23古代中世芸術論，岩波書店，1973年
平野邦雄監修・あたらしい古代史の会編『東国石文の古代史』吉川弘文館，1999年
藤本憲信「女手考」『国語国文学研究』32，1997年
梵字貴重資料刊行会編『梵字貴重資料集成』図版・解説篇，東京美術，1980年
前田愛『近代読者の成立』有精堂，1973年
松村明ほか校注『日本思想大系』35新井白石，岩波書店，1975年
『本居宣長全集』5，筑摩書房，1970年
宮本常一『忘れられた日本人』岩波書店，1984年
山本正秀『近代文体発生の史的研究』岩波書店，1965年
吉田澄夫・井之口有一編『国字問題論集』冨山房，1950年

●—参考文献

網野善彦『日本論の視座』小学館, 1990年
稲岡耕二『人麻呂の表現世界 ―― 古体歌から新体歌へ』岩波書店, 1991年
犬飼隆「七世紀木簡の国語史的意義」『木簡研究』23, 2001年
魚住和晃『「書」と漢字　和様生成の道程』講談社, 1996年
大矢透『音図及手習詞歌考』勉誠社, 1969年
小川環樹・木田章義注解『千字文』岩波書店, 1997年
沖森卓也『日本古代の表記と文体』吉川弘文館, 2000年
奥村悦三「話すことと書くことの間 ―― 上代の日本語散文の成立をめぐって」『国語と国文学』68の6, 1991年
岡田純「『権記』と藤原行成卿の書活動」『並木の里』29, 1987年
長志珠絵『近代日本と国語ナショナリズム』吉川弘文館, 1998年
貝塚茂樹・小川環樹編『日本語の世界』3 中国の漢字, 中央公論社, 1981年
笠松宏至『日本中世法史論』東京大学出版会, 1979年
笠松宏至『法と言葉の中世史』平凡社, 1984年
川口久雄訳注『新猿楽記』平凡社, 1983年
岸俊男編『日本の古代』14ことばと文字, 中央公論社, 1988年
金文京「漢字文化圏の訓読現象」『和漢比較文学研究の諸問題』汲古書院, 1988年
黒板伸夫『藤原行成』吉川弘文館, 1994年
神野志隆光「文字とことば・「日本語」として書くこと」『万葉集研究』21, 塙書房, 1997年
小林芳規「平安時代の平仮名の表記様式 ―― 語の漢字表記を主として」Ⅰ Ⅱ『国語学』44・45, 1961年
小林芳規「字訓史資料としての平城宮木簡」『木簡研究』5, 1983年
小林芳規『図説　日本の漢字』大修館書店, 1998年
子安宣邦『本居宣長』岩波書店, 2001年
佐藤進一「御成敗式目の原形について」『国史大系』33月報15, 吉川弘文館, 1965年
佐藤信「木簡にみる古代の漢字文化受容」『国語と国文学』936, 2001年
新川登亀男『日本古代の儀礼と表現』吉川弘文館, 1999年
新川登亀男『日本古代の対外交渉と仏教』吉川弘文館, 1999年
新川登亀男「『天皇』木簡を考える」『しにか』127, 2000年

日本史リブレット 9

漢字文化《かんじぶんか》の成《な》り立《た》ちと展開《てんかい》

2002年７月25日　１版１刷　発行
2025年８月29日　１版６刷　発行

著者：新川登亀男《しんかわときお》

発行者：野澤武史

発行所：株式会社 山川出版社

〒101－0047　東京都千代田区内神田１－13－13
電話　03(3293)8131(営業)
　　　03(3293)8134(編集)
https://www.yamakawa.co.jp/

印刷所：信毎書籍印刷株式会社

製本所：株式会社 ブロケード

装幀：菊地信義

ISBN 978-4-634-54090-3

日本史リブレット　第Ⅰ期［68巻］・第Ⅱ期［33巻］　全101巻

1 旧石器時代の社会と文化
2 縄文の豊かさと限界
3 弥生の村
4 古墳とその時代
5 大王と地方豪族
6 藤原京の形成
7 古代都市平城京の世界
8 古代の地方官衙と社会
9 漢字文化の成り立ちと展開
10 平安京の暮らしと行政
11 蝦夷の地と古代国家
12 受領と地方社会
13 出雲国風土記と古代遺跡
14 東アジア世界と古代の日本
15 地下から出土した文字
16 古代・中世の女性と仏教
17 古代寺院の成立と展開
18 都市平泉の遺産
19 中世に国家はあったか
20 中世の家と性
21 武家の古都、鎌倉
22 中世の天皇観
23 環境歴史学とはなにか
24 武士と荘園支配
25 中世のみちと都市
26 戦国時代、村と町のかたち
27 破産者たちの中世
28 境界をまたぐ人びと
29 石造物が語る中世職能集団
30 中世の日記の世界
31 板碑と石塔の祈り
32 中世の神と仏
33 中世社会と現代
34 秀吉の朝鮮侵略
35 町屋と町並み
36 江戸幕府と朝廷
37 キリシタン禁制と民衆の宗教
38 慶安の触書は出されたか
39 近世村人のライフサイクル
40 都市大坂と非人
41 対馬からみた日朝関係
42 琉球の王権とグスク
43 琉球と日本・中国
44 描かれた近世都市
45 武家奉公人と労働社会
46 天文方と陰陽道
47 海の道、川の道
48 近世の三大改革
49 八州廻りと博徒
50 アイヌ民族の軌跡
51 錦絵を読む
52 草山の語る近世
53 21世紀の「江戸」
54 近代歌謡の軌跡
55 日本近代漫画の誕生
56 海を渡った日本人
57 近代日本とアイヌ社会
58 スポーツと政治
59 近代化の旗手、鉄道
60 情報化と国家・企業
61 民衆宗教と国家神道
62 日本社会保険の成立
63 歴史としての環境問題
64 近代日本の海外学術調査
65 戦争と知識人
66 現代日本と沖縄
67 新安保体制下の日米関係
68 戦後補償から考える日本とアジア
69 遺跡からみた古代の駅家
70 古代の日本と加耶
71 飛鳥の宮と寺
72 古代東国の石碑
73 律令制とはなにか
74 正倉院宝物の世界
75 日宋貿易と「硫黄の道」
76 荘園絵図が語る古代・中世
77 対馬と海峡の中世史
78 中世の書物と学問
79 史料としての猫絵
80 寺社と芸能の中世
81 一揆の世界と法
82 戦国時代の天皇
83 日本史のなかの戦国時代
84 兵と農の分離
85 江戸時代のお触れ
86 江戸時代の神社
87 大名屋敷と江戸遺跡
88 近世商人と市場
89 近世鉱山をささえた人びと
90 「資源繁殖の時代」と日本の漁業
91 江戸の浄瑠璃文化
92 江戸時代の老いと看取り
93 近世の淀川治水
94 日本民俗学の開拓者たち
95 軍用地と都市・民衆
96 感染症の近代史
97 陵墓と文化財の近代
98 徳富蘇峰と大日本言論報国会
99 労働力動員と強制連行
100 科学技術政策
101 占領・復興期の日米関係